원작을 넘어
전설을
꿈꾸다

택시대학 정태성의 끝나지 않은 도전

천작을 남기 전설을 꿈꾸다

택시대학 정태성의 끝나지 않은 도전

천직을 넘어 전설을 꿈꾸다

정태성 지음

추
천
사

남과 비교하면 불행하지만
비전을 품으면 행복해진다

"세상이 타락했다. 잡것들이 너 나 할 것 없이 책을 내려고 한다."
로마시대 키케로가 남긴 명언이다. 아무런 체험적 통찰력 없이 책을 내려는 사람들에게 던진 경고의 메시지다. 그런데 이와는 상반되는 또 다른 명언이 있다.
"경험은 글을 잘 쓰는 모든 이들의 안주인이다."
레오나르도 다 빈치가 남긴 명언이다. 잡다한 경험을 많이 한 사람일수록 감동적인 글을 잘 쓸 수 있는 사람이라는 것이다.
키케로와 다 빈치의 명언에 비추어 보면 이 책을 쓴 비전택시대학의 정태성 총장도 잡것에 지나지 않는다. 하지만 한 사람의 잡다한 체험은 그럼에도 책에 다 담을 수 없을 만큼 눈물겹고 감동적이다. 그래서 정태성 총장의 보잘 것 없는 경험은 힘든 시기를 살아가는 사람들에게 따뜻한 위로의 메시지를 던져줄 뿐만 아니라 절망적인 상황에서도 희망의 끈을 놓지 말라는 울림으로 다가온다.

이 책은 '잡것들이 아니고서야 누가 책을 내랴'라는 반문에 딱 맞는 작가, 즉 명작을 남긴 작가들은 거의 모두 잡것들임을 실증해 주는 책이다. 평범한 택시기사가 택시대학을 만들겠다고 선언하며 남다른 행보를 거듭해온 정태성 총장의 모습을 오래 전부터 지켜봤다. 기회가 닿아서 같은 장소에서 강연도 하고 인연이 닿아서 내 강연회에도 참석하면서 마음을 함께 나눌 수 있는 돈독한 사이가 되었다.

내가 정태성 총장을 좋아하는 이유는 사람을 향하는 따뜻한 마음과 세상을 바라보는 남다른 시선 때문이다. 그가 보여주는 남다른 생각과 비정상적인(?) 행보는 택시기사로 살아오면서 느낀 삶의 밑바닥 체험에서 깨달은 소중한 인생 교훈 덕분이다. 그는 언제나 위를 올려다보기보다 아래로 내려다보고, 자신을 높이기보다 먼저 낮추며, 어려운 사람을 위해서는 가장 먼저 발 벗고 나서는 따뜻한 인간미를 가지고 있다. 누구보다 치열하게 살아가면서도 자신보다 어려운 사람을 위해서는 촌음을 아껴 기꺼이 손을 내밀어 준다. 사람 그 자체가 감동이다.

사람은 그 사람이 살아온 삶의 결론으로 생긴 이미지다. 그 사람의 삶을 보면 그 사람의 진면목이 들어있다. 사람의 진면목은 그 사람이 품고 있는 진심이 결정한다. 진심은 입으로 말할 수 없다. 오로지 몸으로 전해질 뿐이다. 진심으로 무장한 사람은 그래서 말이 없다. 오로지 몸으로 보여줄 뿐이다. 사람은 거짓말을 할 수 있지만 자신이 살아온 삶은 속일 수 없다. 추천사를 쓰면서 정태성 총장을 위한 삼행시로 그가 추구하는 삶의 한 단면을 드러내 본다.

정상보다 비정상적 발상을 좋아하며,
태산이 높다 해도 도전을 멈추지 않고,
성공보다 끊임없이 성숙하기 위해 배움을 멈추지 않는
정태성 비전택시대학 총장

책을 읽다 보면 사람이 보이고 삶이 보인다. 이 책은 한 인간이 살아오면서 겪은 우여곡절의 삶을 적나라하게 드러내 주는 드라마요, 힘든 곤경도 지나고 나면 아름다운 풍경으로 남을 수 있음을 보여주는 휴먼 다큐다. 이 책에는 정태성 총장의 파란만장(波瀾萬丈)한 스토리가 들어 있으며, 우여곡절(迂餘曲折)의 반전과 역전이 숨어 있고, 절치부심(切齒腐心)의 고뇌가 서려 있다. 한마디로 이 책을 읽다 보면 정태성 총장의 희로애락(喜怒哀樂)이 씨줄과 날줄로 엮여 4중주 변주곡으로 파노라마처럼 들린다.

이 책은 고생 끝에 낙이 온다는 고진감래(苦盡甘來)를 해피엔딩 메시지로 각색해서 전하려고 쓴 게 아니다. 누구나 경험할 수 있는 한 사람의 삶을 있는 그대로 보여주고 저마다의 삶을 살아가는 독자들에게도 잠시나마 자신의 삶을 뒤돌아볼 수 있는 성찰의 시간을 주려는데 이 책의 목적이 있다고 생각한다.

책은 나 자신과 대화하는 독백이자 무엇보다도 내 삶을 숨김없이 보여주는 고백이다. 한 사람의 독백과 고백 속에서 무엇을 느끼고 깨달을지는 이 책을 읽는 독자들의 몫이다. 책은 저자의 손을 떠나 독자가 읽는 순간 독자들의 수만큼 다시 태어난다. 이 책을 읽는 모든 독자들도 누구보다 내가 가장 소중하며 나는 그 누구와도 비교할 수 없는 소중한 존재임을 깨달았으면 좋겠다는 바람을 가져본다.

"모든 독자는 자기가 읽은 책의 저자다."

우리에게 보통 이상의 상상력을 보여주는 알랭 드 보통의 말이다. 이 책을 읽은 모든 독자도 또 다른 저자로서 자기만의 삶의 스토리를 엮어나가는 또 다른 저자가 되기를 기원한다.

비전택시는 비전택시대학을 운영하는 정태성 총장만의 택시가 아니다. 비전택시는 꿈을 꾸며 가슴 뛰는 삶을 살아가고 싶은 모든 사람들을 위한 희망의 메신저다. 비전택시는 택시가 아니라 꿈꾸는 사람들, 꿈이 뭔지 모르지만 자신의 꿈을 갈망하는 사람들, 비록 꿈꿀 시간은 없지만 나도 꿈을 가질 수 있다는 희망으로 지금 절망적인 상황에서 안간힘을 쓰면서 힘들게 살아가는 모든 사람이 타야 될 나 자신의 자가용이다.

삶은 생각대로 풀리지 않는다. 삶은 언제나 위기 속에서 생각지도 못한 일을 만나 생각지도 못한 행운을 만나는 과정이기도 하다. 이 책이 꿈꾸는 사람들, 그리고 그 꿈을 향해 과감하게 도전하며 열정적으로 살아가려는 모든 사람들에게 뜨거운 불씨가 될 수 있을 것으로 믿어 의심치 않는다. 삶이 힘들고 무료할 때 언제나 곁에 두고 위로받고 꿈을 향한 도전과 열망을 촉발시킬 수 있는 삶의 지침서가 될 수 있기를 기대한다.

지식생태학자 유영만(한양대학교 교수)
〈나무는 나무라지 않는다〉〈지식생태학〉 저자

머
리
말

택시 기사(技士), 세상의 기사(記事)가 되다

나는 서울의 22년 차 택시기사다. 택시를 몰다 보니 택시운전이 세상에서 가장 힘든 일이라고 생각했다. 그러다 우연한 기회에 강연을 하게 되었다. 택시운전보다 더 힘든 일이 있음을 알았다. 수많은 청중 앞에서 나만의 경험담으로 2시간을 끌어간다는 것은 엄청난 에너지가 소모되는 일이었다. 하지만 더 힘든 일이 기다리고 있었다. 그것은 글을 쓰는 일이었다. 결국 자신이 현재 하고 있는 일이 가장 힘든 일인지도 모른다.

시작이 반이라고 했지만 막상 글을 쓰려니 부족한 어휘력과 문장력 때문인지 도무지 진도가 나가지 않았다. 두뇌가 명석한 것도 아니고 독서량도 부족했으니 당연한 결과였다. 다른 이유도 있었다. 과거를 불러오다가 어떤 날은 서러움에 복받쳤고 어느 날은 그리움에 사무쳤고 때로는 과거의 생채기를 건드려 소름이 돋기도 했다. 통곡한 날도 많았다. 그와는 반대로 내 인생에 기적 같은 일이 생겨서 가슴 벅찬 날도 있었다. 미래의 빛나는 꿈에 도취되기도 했다. 허공만 쳐다보다가 하얗게 날을 샌 적도 많았다. 하지만 그런 감정은 글로 연결되지 못했다. 아직 책을 낼 깜냥이 아니라는 것을 알게 되었다.

내 나이 55세, 일반적으로 오십 대 중반의 남성은 인생의 정점을 찍는다. 그동안 힘들게 걸어왔지만 재도약을 준비하지 않을 수 없다. 강하지만 연약하고, 화려하지만 쓸쓸하다. 평화로운 가정을 지키기 위해 집을 나서면서 치열한 전투를 치르게 된다. 상처들로 몸과 마음, 정신은 만신창이가 되었지만 사랑하는 가족들에게는 전투의 참혹함과 상처를 고스란히 드러낼 수 없다. 어떤 경우에도 가족에게는 당당하고 든든함을 보여줘야 하는 가장의 숙명이다.

글을 쓴다는 것은 자기고백이다. 내 글을, 내 상처를 가족이 보게 될 것이 두려웠다. 결국 들고 있던 펜을 내려놓았다. 그러다 마음을 바꾼 계기가 있었다. 강연을 마치고 연단에서 내려오는데, 눈물 콧물 범벅이 된 중년의 사내가 다가왔다. 겨우 말을 이어가던 사내의 사연 때문에 우리는 서로를 껴안고 한참이나 울었다. 그가 간곡하게 부탁했다.

"강사님, 사연을 꼭 책으로 내셔서 저 같은 사람들에게 용기와 희망을 주세요."

　잘나가던 사업이 망하고 가족들은 뿔뿔이 흩어져 생사도 모르는 상황에서 자신은 강원도 산골에 혼자 숨어 지냈다고 했다. 용기를 내어 세상에 나왔지만 반기는 사람은 없었다고 했다. 생의 미련을 버릴 시점에 혹시나 하고 서울에 올라왔고, 우연하게 내 강연을 들었다고 했다. 그도 나를 거울삼아 다시 열심히 살아보겠다고 입을 앙다물었다.

　유독 글쓰기에 의기소침해 있던 나는 그 중년의 사내처럼 다시 용기를 내보기로 했다. 서로가 서로에게 용기를 준 셈이다. 그러나 글쓰기는 여전히 나에게는 넘을 수 없는 높다란 성벽 같았다. 몇 줄을 끄적이다가 포기하고 다시 시작하기를 수없이 반복했다. 우여곡절 끝에 간신히 원고를 완성했지만, 어떤 출판사가 택시기사의 잡문을 책으로 내준단 말인가? 여러 출판사의 문을 두드렸지만 문전박대와 거절로 돌아왔다. 아주 오랜 세월이 또다시 지나갔다. 내가 글을 쓰려 했다는 것도 까맣게 잊었다.

　그러던 중 택시기사도 책을 낼 수 있으며 많은 사람들에게 감동을 줄 수 있으니 다시 힘을 내보라고 멘토이신 유영만 교수님의 격려가 있었다. 추천사도 써준다고 약속했고 출판사도 함께 알아봐 주겠다고 했다. 멘토는 처음부터 도움을 주지 않는다. 고민하고 애쓰다가 좌절하고 포기하려는 시점에 따뜻한 손을 내민다.

또다시 용기를 내었다. 너무 많은 세월이 지났기에 원고는 거의 다시 써야 했다. 그 이후부터 교수님은 언제 탈고를 마칠 거냐고, 마치 시어머니처럼 달달 볶아 댔다. 교수님의 소개로 천그루숲의 백광옥 대표를 만났다. 무명인이나 다름없는 택시기사의 원고를 보지도 않고 출판계약을 해주었다. 일반적인 출판 관례에서는 파격적인 조건이었다. 두 분의 도움과 격려가 없었다면 나는 영원히 책을 낼 수 없었을 것이다. 2009년에 첫 문장을 썼으니 9년이 걸린 셈이다.

소소한 일상에서 희망을 건져 올려 보다 나은 내일을 살고자 하는 분들과 반복되는 일상에서 변화를 찾는 분들에게 이 책이 도움이 되기를 바란다. 정도의 차이는 있지만 누구나 힘든 삶을 살아간다. 그런 분들에게 조금 더 힘든 택시운전을 하면서 살아온 이야기가 작은 위안과 위로가 되었으면 하는 바람뿐이다.

택시기사의 화법으로 말하듯 썼다. 택시운전이라는 노동을 하면서 온몸으로 느끼고 깨달은 삶의 교훈을 꾸미지 않고 몸으로 썼다. 택시기사 정태성의 인생 5막(幕) 5장(場)의 25개 꼭지 글이 들어 있다. 언제나 서막으로 시작되는 인생은 막막하기만 하다. 그럼에도 우리는 살아내야 한다. 그런 결심으로 한 줄 한 줄 써내려갔다. 막이 내려진 커튼에는 택시기사인 나보다 어쩌면 더 힘들게 살았을 가족들에게 보내는 편지글이 새겨져 있다.

  장애인으로 짧은 생을 살다간 할머니, 역시 하늘의 별이 된 아버지와 딸, 탈고하는 과정에서 소천하신 일본 MK택시의 유태식 부회장님께 이 책을 바친다.

멘토의 연구실에서
비전택시기사 정태성

차례

추천사 / 남과 비교하면 불행하지만 비전을 품으면 행복해진다 … 5
머리말 / 택시 기사(技士), 세상의 기사(記事)가 되다 … 10

1막 살아가지 않으면 사라진다

- 1장 / 모든 시작은 시련이다 … 20
- 2장 / 시작해야 작품도 나온다 … 28
- 3장 / 삶은 총성 없는 전쟁이다 … 34
- 4장 / 더러운 세상도 비상의 텃밭이다 … 42
- 5장 / 하루하루가 경이로운 기적이다 … 52

〈아들에게 보내는 편지〉 … 59

2막 배우지 않으면 배우가 될 수 없다

- 1장 / 제대로 해야 대로가 열린다 … 64
- 2장 / 거절을 받을수록 간절해진다 … 72

3장 / 의지하지 말고 의지대로 살아가자 … 78
4장 / 간절함은 벽도 문으로 바꿔준다 … 84
5장 / 진짜 배움은 배운 대로 실천하면서 일어난다 … 92
〈아버지에게 드리는 편지〉 … 103

3막 도전하지 않으면 도약할 수 없다

1장 / 도전은 거절을 먹고 산다 … 108
2장 / 진정한 스승은 경험이다 … 116
3장 / 기본이 서야 기술도 예술이 된다 … 124
4장 / 미치지 않으면 미칠 수 없다 … 134
5장 / 자세를 낮추면 모두가 스승이다 … 142
〈엄니에게 드리는 편지〉 … 150

4막 나답지 않으면 나의 답을 찾을 수 없다

1장 / 성공은 성과가 아니라 성취감이 만든다 … 154
2장 / 사연을 말하는 강연이 사랑받는다 … 160
3장 / 세계 최초의 택시대학, 기적을 현실로 만들다 … 168
4장 / 책 읽는 택시 기사, 세상의 기사가 되다 … 180
5장 / 우리는 모두 저마다의 힘겨운 인생을 살아간다 … 186
〈택시대학 청소부, 아내에게 보내는 편지〉 … 195

5막 전진하지 않으면 전락할 수 있다

- 1장 / 나의 직업관으로 삼성의 직업관을 가르치다 … 200
- 2장 / 기준이 있는 사람만이 기준을 돌파한다 … 208
- 3장 / 자리보다 자세가 중요하다 … 214
- 4장 / 딴짓은 딴 생각을 할 수 있다 … 222
- 5장 / 랭글러 택시, 택시의 전설이 되어 루비콘강을 건너다 … 228

〈12월 17일, 하늘로 올라간 별에게 부치는 편지〉 … 235

맺음말 / 여행의 끝에서 또 다른 시작을 꿈꾸다 … 241

1막
살아가지 않으면
사라진다

슬픔이 그대의 삶으로 밀려와 마음을 흔들고 소중한 것들을 쓸어가 버릴 때면
그대 가슴에 대고 다만 말하라. '이것 또한 지나가리라' ─ 랜터 윌슨 스미스

삶을 살지 말지는 내가 결정할 문제가 아니다.
탄생부터 죽음까지 내 마음대로 할 수 있는 게 없다.
좋지 못한 환경 때문에 내 삶이 힘들어질 수는 있다.
하지만 그 환경 때문에 내 삶에 대해 불평불만을 하거나
남과 비교해서 자괴감에 빠진다면 그 결과는 결국 나에게 돌아온다.
내 삶은 내가 살아가려고 안간힘을 쓰지 않으면 나도 모르게 사라질 수 있다.
삶은 본래 힘들고 무엇 하나 분명하게 잡히지 않는 게 정상이다.
오리무중(五里霧中), 그럼에도 불구하고 암중모색(暗中摸索)하면
보이지 않는 길도 보이기 시작한다. 지금 여기서 시작하는 시련을 경험하며
전쟁과도 같은 삶을 살아갈 때 더러운 세상도 상상력이 비상하는 텃밭이 될 수 있다.
기적은 먼 데서 오지 않는다. 내가 살아가는 하루하루가 기적이다.

1장

—
모든 시작은
—
시련이다

하는 일마다 제대로 되는 것이 없었다. 뒤로 넘어져도 재수 없게 코가 깨졌다. 답답한 마음에 점(占) 집을 찾았다. 복을 스스로 걷어차는 액운이 짙게 드리워져 있다고 했다. 살(煞)을 풀기 위해 굿을 해야 한다고 했다. 거금을 들여 전남 해남의 바닷가에서 굿을 했다. 하지만 그 후에도 인생이 잘 풀리기는커녕 더 꼬이기만 했다. 나에게는 굿마저도 소용이 없었다. 삶에 대한 열정도 식어갔고 자신감도 없어졌고 세상을 보는 시각도 부정적으로 변해갔다. 그러니 새로 시작하는 일이 잘될 리가 있겠는가? 밑바닥으로 한없이 추락하는 악순환은 끝이 보이지 않았다. 바닥 밑에 또 다른 밑바닥이 있는 줄도 처음 알았다. 바닥을 모르고 추락하는 내 삶은 밑바닥에 머물면서도 도무지 바닥을 치고 상승할 줄을 몰랐다.

나는 모든 부분에 있어서 평균 이하였다. 친구들은 어렵지 않게 대학에 입학하고 취업도 잘되어 승승장구했다. 하지만 나는 고등학교도 제대로 졸업하지 못하고 뒤늦게 검정고시에 합격했다. 물론 한 번에 합격한 것도 아니었고, 재도전 끝에 간신히 과락을 면한 부끄러운 점수였다. 그러니 변변한 곳에 이력서를 낼 수도 없었다. 취업이 안 되니 어쩌겠는가? 백수의 길을 걷거나 장사라도 할 수밖에…. 의욕적으로 시작한 사업이 잘되었다면 오히려 전화위복이 되었겠지만, 역시나 실패를 맛봤다. 마음의 상처는 그리 크지 않았다. 실패에 대한 내성이 생겼는지, 그러려니 했다. 실패를 밥 먹듯이 해보니까 실패도 두려움의 대상이 아니라 일상이 되어 버렸다. 사람은 성공 체험이 있어야 희열을 느끼고 성취감을 기반으로 다음을 기약하며 도전을 감행한다. 하지만 실패의 연속은 나를 좌절과 절망의 나락으로 한없이 끌어내리고 있었다.

'역시 내가 하는 일은 실패의 연속이야. 그럼 그렇지. 내가 무엇을 제대로 해내겠어?'

신용만 불량해진 것이 아니었다. 내 삶의 모든 부분에서 인생불량자가 되었다. 모든 인간관계도 단절되었다. 살고 있던 전셋집은 월세로 돌렸다. 결혼 예물과 전자제품은 전당포에 팔았다. 은행의 빚 독촉 전화벨은 쉬지 않고 울려댔고, 최고장(催告狀)은 수북하게 쌓여만 갔다. 여기까지는 그럭저럭 견딜 만했다. 그러나 은행과는 달리 사채업자의 협박이 아내를 포함한 가족에게 이어지자 정신이 번쩍 들었다. 급기야는 과일 깎는 과도를 가방에 넣고 집을 나섰다. 다행히 아무 일 없이 집에 돌아올 수 있었다. 처음부터 악마나 괴물로 태어난 사람은 없을 것이다. 하지만 상황이 절박해지면 나도 그렇게 변할 수도 있겠다는 생각에 몸서리가 쳐졌다. 공중화장실에 붙어 있던 '신장 구함'이라는 장기매매 스티커를 떼어 반으로 접어 주머니에 넣었다.

'아프겠지? 아마 그럴 거야. 얼마를 받을 수 있을까? 신장 하나 없다고 못살겠어? 신장을 포함해 다른 장기도 팔 수 있을까?'

고민의 나날 끝에 떨리는 손으로 공중전화기의 버튼을 눌렀다. 신장을 포함해 생명에 지장이 없는 다른 장기를 다 팔아도 그 돈으로는 빚을 해결할 수 없었다. 어쩌면 천만다행인지도 몰랐다. 빚이 해결되었다면 나는 현재 몇 개의 장기 없이 이 글을 쓰고 있을지도 모른다. 돈만 있으면 모든 것이 해결될 터인데, 그 돈이 내겐 없었다. 돈이 인생의 전부였던 시절이었다. 하지만 여기까지는 앞으로 다가올 더 큰 비극의 전주곡에 지나지 않았다.

심장병을 갖고 태어난 딸이 수술을 받은 다음 날, 돌아올 수 없는 곳으로 떠났다. 사업을 시작하며 경제적으로 정신적으로 받은 스트레스는 아내인 산모와 태아에게 고스란히 전달되었을 것이고 태어나서도 딸아이는 불안했을 것이다. 원인제공자는 다름 아닌 아빠인 나였다.

'지켜주지 못해서 미안하다. 사랑하는 내 딸아.'

몹시도 추운 겨울날, 경기도 고양시의 벽제화장터에서 딸을 화장하고 난 후 정신이 나갔다. 실성하지 않은 것이 오히려 이상했다. 몇 날 며칠을 정처 없이 미친놈처럼 길거리를 쏘다녔나 보다.

'여기가 어디지?' '내가 뭐 하고 있지?' '오늘은 며칠이지?'

정처 없는 방황이 삶을 점점 절망의 나락으로 끌고 내려갔다. 도무지 희망의 서광이 보이지 않았다. 어둠의 터널 끝에 희미한 빛이라도 보여야 절망 속에서도 희망의 싹을 틔울 텐데. 힘든 삶을 지지할 버팀목조차 없어진 순간, 죽음을 생각하는 시간이 많아지기 시작했다.

정신이 든 곳은 공교롭게도 한강의 잠실대교 중간쯤이었다. 그동안의 행적은 기억에 없었고, 왜 하필이면 여기서 걸음을 멈추었는지 나 자신도 알 수 없었다. 매사에 소극적이고 끈기도 없으며 무능한 30대 가장은 미동도 않고 다리 위에서 강물을 쳐다보며 생각에 잠겼다.

실패로 점철된 과거와 현재의 나를 바꾸지 못하면 미래의 나는 역시나 실패의 패턴을 반복하리라는 불길한 예감이 들었다. 멀리서 본 한강은 아름다웠지만, 다리 위에서 내려다 본 강물은 무척이나 거칠고 사나웠다. 순간 세찬 강바람이 눈을 할퀴고 지나갔다. 아린 눈에서는 참았던 눈물이 흘러내리기 시작했다. 할 수만 있다면 새로운 인생을 살고 싶었다. 다시 태어나고 싶었다. 내 인생에 리셋 버튼이 있다면 과감하게 누르고 싶었다. 남들처럼 멋지고 행복한 인생을 살고 싶었다. 하지만 학력을 포함한 스펙은 고사하고 취업적령기를 넘긴 30대 중반의 신용불량자에게는 뾰족한 수가 보이지 않았다.

'내가 지금 할 수 있는 것은 무엇인가?'

어느덧 해는 저물어가고 사위는 어두워졌다. 그때서야 엄동설한 한강의 다리 위에서 내가 할 수 있는 선택은 오직 하나밖에 없음을 깨닫게 되었다. 내가 강물에 던져야 할 것은 몸뚱이가 아닌 과거의 부정적인 습관이나 사고방식, 나약한 마음과 정신이어야만 했다. 그것이 실패의 연속이었던 과거의 나를 죽이고 내가 새롭게 다시 태어날 수 있는 유일한 리셋 버튼이었다. 딸은 그 메시지를 아빠인 나에게 전해주려고 그렇게 일찍 떠난 것이 아니었을까?

'딸의 죽음을 헛되이 하는 못난 아비가 되지 말자!'

나는 이를 앙다물고 젖 먹던 힘을 짜내 한강 다리를 정신없이 내달리기 시작했다. 죽음을 결심하고 바라보았던 한강이, 나에게 죽음을 각오하고 다시 살라는 메시지를 던져 줄 줄은 꿈에도 생각하지 못했다. 그때 만약 내가 어떤 다른 결단을 내렸다면 인생은 영원히 없어졌을지도 모를 일이다. 한순간의 판단이 한평생을 좌우한다는 사실 앞에서 삶의 진정성을 다시 생각하지 않을 수 없었다.

내 인생에 있어서 가장 추웠던 그해 겨울을 지금도 간혹 회상해 본다. 당시는 내가 짊어진 십자가가 가장 고통스럽고 무겁다고 여겼었다. 하지만 세월의 흐름은 사건이나 현상을 보다 객관적으로 보게 한다.

"옛날은 가는 게 아니고 이렇게 자꾸 오는 것이었다."

이문재 시인의 '소금창고'라는 시에 나오는 한 구절이다. 과거는 그냥 지나간 추억의 한순간이 아니다. 미래를 지향하며 현재를 살아가는 나에게 옛날의 한순간은 자꾸 나에게 다가와 말을 걸고 있음을 알았다. 힘든 순간을 버텨온 덕분에 지금은 나보다 더 무거운 십자가를 짊어지고도 나보다 훨씬 더 열정적으로 살아가는 사람들이 주변에 너무 많음을 볼 수 있게 되었다. 전에는 무관심했기에 보이지 않았을 뿐이었다. 그분들의 삶을 보면 내 자신이 부끄러워지고 더 열심히 살아야겠다는 다짐을 하게 된다.

시련으로 시작했지만 그 끝에는 나만의 작품이 탄생하기를 기대한다. 시련으로 시작한 출발점을 마련하지 않는다면 그 어떤 종착역에도 도착하지 못한다. 시작이 있어야 끝이 있고 그 끝에서 다시 시작할 수 있지 않은가. 하지만 한강 다리에서 끝을 봤다면 영원히 시작할 수 없었을 것이다. 그 후 나는 함부로 끝을 생각하지 않는다. 시련 속에 단련되어 가는 내 삶의 모든 순간이야말로 결정적인 순간이고, 두 번 다시 돌아오지 않을 소중한 순간이기 때문이다.

우연히 접했던 1996년 노벨문학상을 수상한 폴란드의 여성시인 비스와바 쉼보르스카의 '두 번은 없다'라는 시가 귓전을 때리는 이유는 무엇일까?

"두 번은 없다. 지금도 그렇고 앞으로도 그럴 것이다. 그러므로 우리는 아무런 연습 없이 태어나서 아무런 훈련 없이 죽는다."

두 번 다시 반복되지 않는 그 한순간이 의미 있는 내 삶의 한평생을 만들어 가지 않겠는가!

2장

시작해야

작품도 나온다

TAXI

　잠실대교를 건너자마자 어느 건물에서 쏟아져 나오는 인파에 휩싸였다. 그들은 택시기사가 되기 위해 교육을 받다 잠시 쉬는 시간에 밖으로 나온 사람들이었다.

　택시기사를 바라보는 사회의 일반적인 시선은 무척이나 부정적이다. 남자들이 마지막으로 선택하는 막장직업이라는 말도 공공연하게 떠돈다. 나 역시 자가용을 운전할 때 택시들의 횡포 때문에 당황한 적이 많았다. 그럴 때면 "에잇, 평생 택시운전이나 해먹어라."며 저주성의 막말을 퍼붓기도 했었다.

　예전 같았으면 그냥 지나쳤겠지만 이상하게 발걸음이 떨어지지 않았다. 찬밥 더운밥 가릴 처지가 아니었다. 나를 택시기사로 받아

줄지도 의문이었다. 겸손한 자세로 교통연수원의 택시운전자격 응시원서 접수처의 창구를 두드렸다.

"제가 신용상태가 좀 그런데요. 혹시 그래도 택시운전이 가능할까요?"

"신용불량자는 운전 못한답니까?"

"아니죠, 아닙니다. 그래도 운전은 잘할 수 있죠."

나이와 운전경력, 최근의 교통사고 유무만 확인되면 택시운전을 시작하는 데 전혀 지장이 없었다. 지갑을 탈탈 털어 택시운전자격 응시원서를 접수했다. 지정된 날짜에 간단한 필기시험을 보고 합격하면 소정의 교육을 거친 후 바로 택시회사에 취업이 가능했다. 매점에서 필기시험 예상문제집 한 권을 구입해 집으로 향했다.

아내는 그렇지 않아도 실종신고를 하려 했다며 못난 남편의 품에 안겼다. 나와는 비교도 할 수 없이 더 아프고 힘들었을 아내를 생각하니 가슴이 미어졌다.

"그동안 어디에 계셨어요. 그리고 왜 그리 살이 빠졌어요?"

그렇게 걱정하는 아내는 나보다 더 야위고 수척해 보였다. 나는 문제집을 풀고 또 풀었다. 내 평생 그렇게 열심히 집중해서 공부를 한 적은 없었다. 필기시험을 보는 날에는 약 600여 명의 응시생들이 강당의 1, 2층을 빼곡하게 채웠다. 시험을 마치고 30분이 지나자 합격자 공고문이 벽에 붙었다. 100점 만점에 91점으로 합격이었다. 그것도 600명 중에서 1등이었다. 낙제 아니면 꼴등을 밥 먹듯 했던 나에게는 처음으로 경험하는 기적이었다. 한 번 심하게 넘어지고 나서야 인생과 업(業)을 진지하고 겸손하게 대했던 결과의 첫 선물이자 성공 체험이기도 했다. 60점을 넘겨 대부분 합격하는 아주 쉬운 시험이었지만 나에게는 큰 의미로 다가왔다.

며칠 동안의 교육을 받고 나는 택시기사가 되었다. 내가 취업한 곳은 집에서 걸어 15분 남짓 걸리는 역사와 전통이 있는 택시회사였다. 회사 사장이 누구인지도 몰랐고 회사의 사훈을 알려주는 사람도 없었다. 여기서 내 이름 석 자는 사라지고 '49호'로 불려졌다. 택시기사는 자신이 타는 차량번호판의 끝 번호 두 숫자로 호칭하는 것이 관행이라고 했다. 마치 죄수들의 수인번호 같았지만 전혀 개의치 않았다.

"어이, 49호 이리와."

택시미터기 조작법과 엔진오일 보충법, 가스 충전방법 등 10분 교육이 전부였다.

"뭐해? 미터기 찍으러 나가야지. 택시기사는 시간이 돈인 거 몰라? 교통사고 내지 말고 입금만 잘하면 우리 회사에서는 뭐라 잔소리하는 사람은 없어."

운전석은 스프링이 고장 났는지 앉자마자 엉덩이가 푹 꺼졌다. 클러치를 밟아 보니 허벅지와 종아리가 뻐근할 정도로 무거웠다.

시동키는 몇 번을 돌려야만 간신히 콜록콜록 거리며 엔진이 돌았다. 소음과 진동은 마치 경운기 같았다. 누적 주행거리는 자그마치 55만km을 넘기고 있었다. 도로에 나서기도 전에 몇 번의 시동이 꺼졌다. 배차 받은 택시와 나의 상태가 비슷해 보였다.

그래도 첫날의 택시영업은 성공적이었다. 무려 14시간의 운전을 마치고 회사에 돌아와 입금을 하려고 차에서 내리는데 다리가 꿈쩍도 하지 않았다. 당황스러웠다. 생각해 보니 14시간 동안 한 번도 차에서 내린 기억이 없었다. 밥도 굶고 화장실도 다녀오지 않은 것이다. 손으로 다리를 주물렀다. 그때서야 다리의 감각이 서서히 돌아오는 것 같았다. 간신히 차에서 내려 다리를 절뚝거리며 입금을 마쳤다. 내 손에 쥐어진 돈은 자그마치 5만원이나 되는 거금이었다. 집으로 향하는 걸음은 천근만근이었지만 가슴은 뿌듯했다. 그 어렵다는 택시운전을 해냈다는 자부심도 있었다. 실로 오랜만에 아내의 손에 돈을 쥐어줄 수 있다는 기쁨으로 발걸음을 재촉했다. 아내는 새벽 4시 30분인데도 잠들지 않고 나를 기다렸다. 집에 돌아와 씻을 틈도 없이 밥을 먹자마자 쓰러지듯 잠이 들었다. 밥은 꿀맛이었고 잠은 달콤했다. 감사했다. 일을 할 수 있음에 감사했다. 돈을 벌 수 있음에 감사했다. 재기의 발판을 마련했음에 또한 감사했다.

그로부터 많은 세월이 흘러 나는 서울의 22년 차 택시기사로 살아가고 있다. 내 인생에서 가장 추웠던 그 당시에는 우연이라 생각했지만 지금은 필연의 수순을 거쳐 내가 택시기사가 되었다고 확신한다. 거의 모든 택시기사는 소설 한 권쯤은 가슴에 담고 있다. 지금도 지치거나 힘들 때, 가끔 과거의 빛바랜 나만의 소설책을 꺼내 들춰 본다. 그러면 소설책은 어김없이 나에게 따뜻한 위로를 해 준다. 우리 모두는 저마다의 소설가다. 꼭 전문 소설을 써야 소설가가 되는 건 아니라고 생각한다. 내 삶을 나의 방식대로 살아가면 그 삶 자체가 소설이지 않은가.

  '몇 배로 힘든 시절을 잘 견뎌냈잖아. 지금 겪고 있는 일은 아무것도 아니야. 힘내.'

  택시기사라도 시작했으니 보잘 것 없지만 나를 일으켜 세우는 이 정도의 작품이라도 나오지 않았는가. 모든 작품은 시작한 사람에게 주는 하늘의 선물이다. 대부분의 작품은 그 결과가 가치를 결정한다. 하지만 내 인생의 작품은 내가 그 작품을 만들면서 투자한 시간과 노력, 고뇌와 결단의 합작품이기에 결과보다 과정이 나에게는 의미심장하다. 작품의 가치도 전적으로 내가 결정하는 나만의 고유한 창작물이지 않은가!

3장

삶은 총성 없는

전쟁이다

 몇 번의 고비가 있었지만 나는 택시운전을 잘 버텨내고 있었다. 어쩌면 택시운전이 내 천직일지도 모른다고 생각했을 정도니까. 택시운전을 하는 동안의 내 생활은 극히 단조로웠다. 운전하고 잠들고, 깨어나면 다시 운전했다. 운전석에 앉으면 모든 신경과 세포를 총동원해 택시운전에만 집중했다. 차량과 몸이 분리되지 않고 내가 곧 택시가 되는 일체감을 느꼈다.
 "어이 49호, 막걸리 한잔 해. 그래야 낮에도 술김에 숙면을 취하지."
 회사택시 운전은 1주일에 한 번씩 주야근무가 바뀐다. 몸이 주간이나 야간에 어느 정도 적응되었다 싶으면 바로 12시간의 시차로 밤낮이 바뀐다. 미치고 환장할 노릇이었다. 밤에 운전하는 것은 낮에 운전하는 것보다 몇 배나 더 힘들다. 낮에 숙면을 취하기 어렵기 때문이다. 그래서 많은 택시기사들이 일을 마치면 술을 마시기도 한다. 술이 좋아서가 아니라 술의 힘을 빌려 억지로 잠을 청하기 위해서다.

나는 대꾸도 하지 않고 집으로 향했다. 일을 마치면 온몸의 진이 빠져 술잔을 들어 올릴 기운조차 남아있지 않았기 때문이다.

하루 종일 운전을 하다 보면 끔찍하고 처참한 교통사고를 바로 앞에서 생생하게 목격하기도 한다. 그 참혹함에 손발이 떨려오는 충격을 견뎌내고 바로 핸들을 돌린다. 가능하면 빨리 잊어야 한다. 그렇지 않으면 속도를 낼 수 없다. 빈 택시들의 승객을 모시기 위한 쟁탈전은 흡사 전쟁터를 방불케 했다. 신호 위반도 다반사고 중앙선을 수시로 넘나들며 승객을 낚아챘다. 승객이 택시에 오르면 액셀 페달을 끝까지 밟았다. 생명을 건 곡예와 질주가 계속되었다. 1분 1초를 단축시켜 목적지에 도착하면 또 다른 승객을 더 빨리 모실 수 있었다. 잠시 한눈을 팔거나 여유를 부리면 입금을 걱정해야 했다.

"기사님 잠깐만요. 여기 오천 원 있고요, 잔돈은 찾아볼게요."

핸드백과 주머니 여기저기를 뒤적이는 아주머니 승객을 만나면 애간장이 탔다. 빨리 요금을 주고 내려야 저 멀리서 손을 들고 있는 승객에게 갈 수 있는데…. 내 뒤에는 먹이를 발견한 하이에나처럼 빈 택시들이 다가오고 있을 것이기 때문이었다.

　어느 차선으로 달려야 소통이 빠르고, 과속감시 카메라가 어느 특정 차선만을 찍고 있는지 알게 되었다. 어느 시간대에 어느 골목에서 손님이 나온다는 것이 보이기 시작했다. 취객의 토사물을 청소하다 손에 묻기도 했지만 승객과 세차비나 영업 손실비로 실랑이를 해봤자 나만 손해라는 것도 터득했다. 램프에서 길게 줄지어 서있는 차량 사이로 매너 없게 새치기로 끼어들어도 자가용들이 너그럽게 양보해 준다는 것도 알았다. 간단하게 손을 흔들어 주거나 비상등을 깜박여 주면 용서되는 일이었다. 택시가 무서워서가 아니라 더러워서 피한다는 것도 이미 알고 있었다.

　많이 당해봐서, 모자라는 택시요금을 집에 가서 준다고 해도 믿지 않았다. 신분증이나 소지품을 반드시 챙기고 기다렸다. 당연히 미터기는 켜놓는다. 술 취한 여성 승객은 깨우지 않고 바로 112에 신고했다. 괜히 깨우려고 몸을 흔들면 성추행이 될 수 있음을 알았기 때문이다. 어떤 취객은 자신이 택시에 탄지도 모른 채 골뱅이 안주를 주문하기도 했다. 아마 주점에서 계속 술을 마시고 있다고 생각했을 것이다. 취객손님을 택시기사들은 '골뱅이'라고 부른다. 그런 승객을 이성적으로 설득하면 싸움이 벌어진다는 것도 알고 있었다.

"어이쿠, 죄송합니다. 주방장이 지금 맛있게 골뱅이를 무치고 있어요. 조금만 기다려 주세요."

능청스럽게 분위기를 맞춰야 팁이 나온다는 것도 알았다. 내 택시의 미터기는 다른 택시의 미터기 수입을 훌쩍 뛰어넘었다. 나는 아스팔트 위에서 고도로 숙련된 전문 사냥꾼이 되어 있었다. 피도 눈물도 없었다. 내 택시의 타이어는 쉬지 않고 돌아갔다. 몸이 지치면 하루에 한두 번 잠시 택시정류장에서 손님을 기다리며 휴식을 취했다. 내 순번은 두 번째. 그런데 남성 승객이 앞 택시에 타지 않고 내 택시에 타는 것이 아닌가? 촘촘하게 줄지어 정차하고 있었기에 빠져나갈 틈이 없었다.

"손님, 죄송하지만 앞차를 타주시죠."

승객은 순순히 내렸다. 그런데 갑자기 차 뒤로 돌아와서 운전석 문을 열고 내 멱살을 잡고 끌어당겼다. 나는 아스팔트에 힘없이 고꾸라졌다.

"감히 하늘같은 손님에게 승차거부를 해? 너 한 번 죽어봐."

그 남자는 미처 일어서지 못한 나를 오뉴월 복날의 개처럼 질질 끌고 길 건너편의 경찰지구대로 향했다. 내 와이셔츠의 단추들이 후드득 떨어져 나갔고 목은 옷에 쓸려 피멍이 들었다. 순식간에 당하는 일이라 경황이 없었고 사내의 완력은 엄청났다. 숨을 쉬기도 거북했고 목은 따가웠다. 지나는 행인들의 시선은 더 따가웠다. 나를 도와주는 사람은 아무도 없었다. 심지어 경찰관마저도.

"무슨 일이십니까?"

"이 택시기사 새끼가 건너편 택시정류장에서 나를 승차거부 했소. 처벌해 주쇼."

나는 자초지종을 설명했다.

"승차거부 맞네. 면허증 줘 보슈."

나는 그 상황이 승차거부인지 아닌지 몰랐다. 택시기사와 승객의 실랑이가 벌어져 지구대에 가면 경찰관은 승객이 고주망태가 아니면 택시기사 편을 들어주지 않는다는 것을 알고 있었다. 나는 순순히 면허증을 건넸다.

"빨리 딱지가 됐든 스티커가 됐든 끊어 주쇼. 나도 병원 들려 진단서 끊어서 폭행죄로 고소인지 고발인지 해야 하니까."

그때서야 남성은 겸손해 졌고 경찰관은 일이 커지려고 하자 당황해 했다.

"두 분이 잘 타협해 보시죠."

억울했지만, 없던 일로 하고 지구대를 나왔다. 진단서를 끊고 조서를 작성하고 보상을 받을지 전전긍긍하기보다는 빨리 입금을 채워야 했다. 택시정류장의 내 택시는 운전석 문이 열린 채로 나를 애처롭다는 듯이 쳐다보고 있었다. 나는 지체 없이 아내에게 전화를 했다.

"여보, 나 지방 장거리 손님 모셨어. 그런데 손님이 지방에서 며칠 같이 일정을 보내자고 하네. 나 땡잡았어. 그래서 며칠 집에 못 들어가."

찢어지고 단추가 떨어진 와이셔츠는 아내 몰래 새로 사서 입으면 되지만, 목에 난 상처는 금방 사라지지 않을 것 같았다. 아내에게 보여주기 싫었다. 나보다 더 아파할 것이 뻔했기 때문이다. 일을 마치면 집 대신에 찜질방으로 향해 잠을 청했다. 약국에서 산 연고를 바르니 일주일 만에 목의 상처는 희미해졌다. 그 이후로도 이유 없이 수많은 폭행을 당했고, 그럴 때면 나는 지방 장거리 손님을 모셨다고 아내에게 거짓말을 했다. 법을 모르면 당하는 세상이 미웠다. 무지한 내가 미웠다. 택시기사의 친절을 논하는 사람이 미웠다. 나에게는 분노의 시절이기도 했다. 하지만 나는 일단 모든 것을 받아들였다. 그것이 택시기사의 피할 수 없는 숙명임을 알고 있었기 때문이다. 그 사건 이후로 택시 관련 법령을 들춰보기 시작했다. 그리고 숙명이라도 바꿔보려고 했다. 나는 밟힐수록 강해지는 잡초가 되어가고 있었다.

택시기사의 하루는 전쟁 그 자체였다. 총칼을 쓰지 않는 전쟁일 뿐, 사람과 세상을 놀라게 하는 두려움과 공포, 긴장과 불안의 연속이었다. 언제 어떤 곳에서 어떤 손님이 나에게 다가올지 모른다.

탈 때와 내릴 때 긴 시간은 아니지만 그 사이는 전쟁과도 같은 처절한 순간의 연속이기도 하다. 적군을 물리칠 전략이 있어도 소용이 없는 전쟁이 바로 택시기사가 치루는 삶의 전쟁이다. 왜냐하면 일방적으로 손님 편에서 전쟁을 이끌어가면서 무조건 낮은 자세로 봉사하지 않으면 생각지도 못한 일이 발생할 수 있기 때문이다. 하지만 나는 그런 전쟁을 통해 많은 것을 깨달았다. 택시기사만이 알 수 있는 전쟁 같은 삶이 내 삶의 평화를 가져다주고 있음을 알아갈 때 내 나이도 같이 늙어가는 것은 아닐까!

4장

―

더러운 세상도

―

비상飛上의 텃밭이다

T
A
X
I

돌발상황은 새벽 2시경에 자주 발생한다. 야심한 시각, 동대문 구 이문동 한국외국어대학교 앞에서 40대 중반의 남성을 태웠다. 약간의 취기가 있었지만 만취상태는 아니었다. 슬리퍼를 신었고 추리닝 바지 차림이었다. 특이하게도 손에는 만 원권 다발을 움켜 지고 있었다. 나는 촉이 극도로 발달한 택시기사 3년 차이기에 단 번에 느낌이 왔다. '고스톱으로 따셨군.' 당연히 목적지는 유흥가 나 환락가였다. 남자는 택시에 오르면서부터 반말을 했다.

"미아리 알지? 거기로 빨리 쏴라."

한두 번 당하는 것도 아니고, 이런 경우 왜 반말을 하냐고 따지 면 의당 싸움이 벌어진다. 택시기사 입장에서는 보통 오장육부를 빼놓고 참으며 운전한다.

"밟으라니까! 이 새끼야. 내 말이 말 같지 않아?"

반말이 욕설로 변했다. 내 심장 박동 수가 살짝 올라갔지만, 욕설 정도에 흔들릴 내가 아니었다. 산전수전 공중전 모두 겪은 백전노장 택시기사 장장 3년 차인데 말이다.

"신호대기로 앞차가 못 가고 있어요. 조금만 참으세요. 빨리 쏘겠습니다."

입에 걸레를 물었는지 남자의 욕설은 강도가 더 심해지고 그칠 줄 몰랐다. 차마 글로 옮길 수 없는 지경이었다. 목적지 근처에 도착해 그 주변을 몇 바퀴를 돌고 나서야 그는 세워달라고 했다.

"여기 같기고 하고 아닌 것 같기도 하고. 스톱해 봐."

택시미터기는 4,500원을 가리키고 있었다. 중년의 남성은 갑자기 씩 웃으며 만 원권 지폐를 쥔 손을 쳐들었다.

"병신, 그동안 욕먹은 값과 택시요금이다. 하나, 둘, 셋, 넷, 다섯"

사내는 숫자를 입으로 세며 정확히 만 원권 다섯 장을 택시 뒷좌석의 바닥에 떨구었다. 차 바닥에는 만 원권 다섯 장이 어지럽게 흩뿌려져 있었다. 그는 택시의 문을 닫지도 않고 열어 둔 채, 유흥가 골목으로 거들먹거리며 걸어가고 있었다. 내가 욕을 먹은 대가가 45,500원이었다. 나는 운전석 문을 박차고 일어나 큰 소리로 그 남자를 불러 세웠다.

'택시기사라고 무시하지 마쇼. 이런 돈은 필요 없으니 거스름돈 받아 가시오. 다시는 그딴 식으로 택시 타지 마쇼.'

하지만 그것은 마음뿐이었다. 나는 허리를 숙여 그 돈을 줍고 있었다. 사람들의 왕래가 한적한 곳에 택시를 정차시키고 운전석에 앉아 미동도 않고 아까운 시간을 흘려보내고 있었다. 온갖 욕설과 폭행을 견뎌왔는데, 이번에는 너무 비굴하고 참담한 심정이었다. 그 남자가 미웠던 것은 절대 아니었다. 당당하지 못했던 내 자신을 용서할 수 없었다. 당시는 100원짜리 동전 하나가 아쉬웠지만 이유가 되지 않는 핑계일 뿐이었다. 그 일이 있고 난 후 나는 웃음이 사라졌다. 아내도 무슨 일이 있었냐고 물었지만, 차마 말을 꺼낼 수 없었다.

'그래 이제 그만 두자. 택시운전 3년이면 할 만큼 했어. 택시운전은 사람이 할 짓이 못돼.'

나는 그동안 택시운전을 하면서 목적의식 없이 돈만 벌었던 전형적인 생계형 택시기사였다. 그러니 원양어선을 타거나 탄광 막장 광부가 되거나 숙소를 제공해 주는 양계장에서 일을 해도 문제가 되지 않았다. 그 사건 이후로 택시운전을 하면서 이런 직업들을 지역 무가지를 통해 알아보기 시작했다. 당연히 택시운전의 수입도 줄어들기 시작했다. 하지만 쉽게 결정하지 못했다. 3년이라는 택시운전의 세월이 아깝기도 했거니와, 다른 직업을 가져도 뾰족한 수가 없어 보였다. 또 몇 년을 버티다가 다른 직업으로 갈아타는 패턴으로 내 인생이 끝날 것 같았다.

이러지도 못하고 저러지도 못하는 상황이 계속되었다. 그러던 어느 날 아침시간에 횡단보도 신호등에 걸려 빈 차로 대기하고 있었다. 건너편에서 고등학생으로 보이는 손자의 부축을 받아 간신히 횡단보도를 건너는 할머니의 모습이 보였다. 직감적으로 택시를 타려는 손님으로는 보이지 않았다. 서당 개 3년이면 풍월을 읊고 성당 개 3년이면 복음을 전파한다고 하는데, 택시기사 3년이면 돗자리를 깐다. 과연 택시를 탈 것인가 그리고 직업이 무엇이고 장거리를 갈 것인가가 대충 판단이 선다. 다리를 저는 할머니는 힘겹게 손자의 부축을 받으며 횡단보도를 건너고 있었다. 하지만 이내 신호등이 바뀌었다. 나는 횡단보도 정지선에서 할머니가 길을 건너기를 기다렸다. 어차피 다음 교차로 신호도 빨간색이었기 때문이다. 그런데 할머니가 내 택시를 타시는 것이 아닌가. 내 판단이 잘못된 것이다. 손자는 할머니가 택시 타는 것을 거들고 있었다.

"할머니, 이른 아침에 어디로 가세요?"

숨을 헐떡이는 할머니는 일하러 가신다고 했다. 그 상태로는 일은커녕 당장 병원에 입원해 치료를 받아야 될 상황처럼 보였다. 목적지는 그리 먼 거리가 아니었다.

"그런 몸으로 어찌 일하시려고요. 할머니."

"놀면 뭐해? 내가 일을 해야 가계에 보탬이 되지."

"얼마를 버시는데요?"

"구청 취로사업이라 그마저도 한 달에 열흘만 일할 수 있어. 다 합치면 25만원은 되려나?"

택시비를 빼면 그나마 남는 것도 별로 없을 것 같았다. 할머니를 모시고 달리던 내 택시는 마침 다음 교차로에 신호대기로 멈춰 섰다. 나는 할머니 몰래 택시미터기의 '지불' 버튼을 눌렀다. 시간거리병산제의 택시미터기는 주행을 하지 않고 서있기만 해도 요금이 오른다. 많은 액수는 아니지만 택시요금이 적게 나오게 하고 싶었기 때문이다. 오로지 돈만 벌 목적으로 눈이 벌겋게 쏘다녔던 나였는데, 처음으로 큰 선심을 쓰는 것 같아서 쓴웃음이 나왔.

'이것이 택시운전을 하면서 승객에게 주는 처음이자 마지막 선물인가? 허허 참.'

목적지에 도착하니 택시미터기는 3,300원을 가리키고 있었다.

"할머니, 3천원만 주세요."

의기양양하게 말했다. 그런데 반응이 의외였다.

"에끼 젊은 양반, 택시운전하며 고생하는데 이 늙은이가 택시요금을 깎을 수는 없지. 여기 5천원이니 나머지 잔돈은 따뜻한 커피 한잔 뽑아 드시게나."

"아니어요. 할머니 그냥 3천원만 주세요."

"거 젊은 사람이 버릇없이, 어른이 주면 '네' 하고 받을 것이지."

할머니와 한참 동안 실랑이를 벌였지만 할머니는 막무가내였다. 할머니는 5천원짜리 지폐를 앞좌석에 던지듯이 내려놓고 택시에서 내리고 있었다.

"할머니 잠깐만요."

"주둥이 닥쳐. 시끄러워."

나는 할머니가 다리를 절며 힘겹게 걸어가고 있는 모습을 멍하니 쳐다보고 있었다. 순간 할머니가 돌아서며 환한 미소를 머금고 나에게 손을 흔드셨다.

"거기서 멍청하게 서서 뭐해? 빨리 돈 벌어야지."

할머니는 장애인들이 주로 거주하는 서울 변두리의 소형 임대 아파트 앞에서 택시를 탔었다. 곤궁한 형편이지만 몸이 불편하여 큰맘 먹고 택시를 타셨을 할머니는 오히려 택시운전하는 젊은 남자에게 커피 한잔 하라는 후한 팁과 환한 미소로 손까지 흔들어 주신 것이다. 나는 손을 흔들다가 다시 다리를 절며 걸어가는 할머니의 뒷모습을 한참 동안 물끄러미 쳐다보고 있었다. 도저히 움직일 수 없었다. 가슴이 먹먹해 졌다.

택시운전 첫날, 파이팅 하라며 2천원 남짓 나온 택시요금인데 1만원을 주고 잔돈을 받아가지 않았던 앳된 모습의 대학생, 휴대폰을 찾아주었더니 고맙다고 흰 봉투에 사례금을 넉넉하게 넣어 정중하게 전해 주었던 아주머니, 밤길의 주택가에서 택시 손님이 집 안으로 들어가는 것까지 확인하고 택시를 돌릴 시점에 '아저씨 잠깐만 더 기다려 주세요' 하며 집안의 냉장고에 있는 과일이며 음식을 싸가지고 나의 가슴에 한아름 안긴 젊은 직장여성, 좁은 골목길에서 마주 오는 자가용을 위해 내가 먼저 후진하여 양보하니까 차를 세워두고 달려 나와 자신의 차에 있던 미지근한 박카스를 내 손에 꼭 쥐어 주었던 아저씨…. 그 외에 셀 수 없을 정도로 온정을 베풀어 주고 격려를 해주신 고마운 분들이 떠올랐다. 할머니의 마법은 그동안 내가 잊고 있었던 고마운 승객들을 기억의 저편에서 끄집어내 주었다.

'나는 왜 많고 많은 좋은 손님은 기억하지 못하고 그 반대의 소수 손님만 기억하면서 상처받고 괴로워하고 있었을까?'

할머니 덕분에 나는 처음으로 스스로에게 질문을 해보았다. 지금 살아계신다면 100세를 훌쩍 넘기셨을 것이다. 간혹 그 장소를 지나갔지만 안타깝게도 다시는 할머니를 만날 수 없었다. 솔직히 할머니가 보고 싶어서 일부러 간 적도 있었다. 택시운전의 최대 고비에서 할머니는 나를 기적처럼 일으켜 세워주었다. 뿐만 아니라 내가 택시운전을 하면서 처음으로 목적의식을 가지고 일을 하게 된 계기가 되었다. 쌍욕의 대가로 만 원권을 뿌렸던 승객도 감사하게 느껴졌다. 그 승객도 내 가슴을 후벼 파서 목적의식을 각인시켜

췄다는 것을 뒤늦게 깨달았다.

'명품 핸드백이나 고급 승용차에 주눅 들지 않고, 그 사람의 직업으로 평가하지 않으며, 인간의 겉모습이 아닌 인간 본연으로 평가받는 사회. 각자의 꿈과 직업이 존중받는 사회. 무슨 일을 하느냐가 아닌 그 일을 어떻게 해내느냐로 평가받는 사회. 우동 한 그릇을 끓여 내더라도 음식에 대한 철학을 가지고 그 우동을 먹을 사람을 생각해서 정성을 다하고 최선을 다하는 사람이 존중받는 사회를 만들자!'

택시기사인 내가 과연 그런 세상을 만들 수 있을까? 상상만 해도 가슴이 벅차올랐다. 내 어깨도 활짝 펴졌다. 그것이 세상을 향한 나의 아름다운 보답이자 복수임을 깨닫게 되었다. '국가대표 택시기사가 되자!'

물이 더러워도 연꽃의 색깔과 향기까지 더럽혀지지 않는다. 세상에는 탁한 물도 있지만 깨끗한 물도 있다. 더러운 물은 자연정화로 깨끗한 물로 바뀌기도 하지만 물은 흐르면서 오염될 수도 있다. 마찬가지로 사람도 깨끗한 사람이 있는가 하면 세상살이를 통해 더럽혀진 사람도 있다.

사람은 만나는 사람에 따라 바뀌고, 그 사람이 살아가는 환경에 따라 바뀐다. 천성이 더러운 사람은 없다. 태어나 살아가면서 더러운 사회가 더러운 사람을 만든다. 더럽다는 것은 몸의 청결도로 판단해서 깨끗하지 못하다는 의미가 아니다. 오히려 더럽다는 말은 마음 씀씀이가 타인을 배려하지 못하는 옹졸하고 궁색한 것이다. 하지만 세상에는 더러운 사람보다 마음이 따뜻한 사람이 더 많다. 더러운 세상에서도 얼마든지 우리는 비상할 수 있다. 우리 주변에는 여전히 타인의 아픔에 공감하며 발 벗고 나서는 따뜻한 사람이 많기 때문이 아닐는지!

5장

하루하루가
경이로운 기적이다

국가대표 택시기사가 되기 위해서는 무엇을 해야 할까? 아직까지는 그저 추상적인 목표일 뿐이었다. 하지만 행동은 달라졌다. 매일 노트 한 장에 영어 단어와 일본어 단어를 열 개씩 적어 집을 나섰다. 손님이 타주면 돈을 벌어서 좋고 빈 차로 있을 때나 신호대기를 하고 있는 짧은 시간에는 한 단어씩 외울 수 있어서 좋았다. 하지만 금방 까먹었다. 역시 나는 머리로 하는 일은 젬병이었다. 그래도 계속 반복해서 외워갔다. 그리고 더욱 내 몸을 혹사시키면서 일하는 시간을 늘려갔다.

'일단 택시운전석에 앉으면 하루 일과를 마치기 전까지는 절대 차에서 내리지 않는다.'

매일 택시운전을 시작하며 스스로에게 다짐하는 각오였다. 최대한 빨리 빚을 청산하고 많지는 않지만 쥐꼬리만큼의 생활비를 집사람에게 주기 위해서는 어쩔 수 없는 노릇이었다. 그리고 개인택시를 장만하기 위해서는 최대한 아껴야 했다. 식사를 거르고 화장실도 가지 않으며 오로지 택시운전에만 전념하겠다는 의지의 표현이었지만, 때로는 지키지 못할 때도 있었다. 택시운전 8시간이 경과하면 손발이 떨리고 눈이 침침해 지면서 허기가 몰려왔다. 그러나 30분을 견뎌내면 시장기가 사라진다는 것을 몸은 경험을 통해 알고 있었다.

'조금만 참아내자.'

서울 상계동 변두리의 초등학교 앞을 지날 때였다. 포장마차에서 김이 모락모락 나는 떡볶이가 눈에 들어왔다. 순간 입에 침이 고이면서 만감이 교차했다.

'안 돼, 그 시간에 손님을 모실 수 없잖아. 아니야, 괜찮아. 1분이면 시장기를 해결할 수도 있지. 아니야, 더 무서운 것은 시장기를 느끼면 배를 채우려고 하는 습관이야. 어느 날 또 배가 고파오면 어쩌려고.'

내 의지의 박약함을 자책하며 나는 차를 급정거하고 말았다.

"아주머니, 떡볶이 천 원어치만 주세요."

수북하게 한 접시 퍼담아 주는 아주머니가 고마웠다. 가장 빨리,

양 많이 떡볶이를 먹을 수 있는 곳이 변두리 초등학교 앞의 포장마차가 아닐까? 탁월한 선택을 한 나는 게눈 감추듯 접시를 비웠다.

"혹시 이게 점심인가요? 조금 더 드릴게요. 천천히 드세요."

30대 초반의 포장마차 주인장의 얼굴에는 안타까움이 묻어 있었다.

'내가 얼마나 게걸스럽게 먹었으면…'

내 사정을 들킨 것 같아 창피했다. 더 먹고 싶은 유혹이 있었지만 얼굴이 화끈거렸다. 오히려 나는 강하게 부정했다. 아주 퉁명스럽게도 말이다.

"저 점심 먹었거든요. 예전 어릴 적 생각이 나서 간식으로 먹는 겁니다. 간식."

와이셔츠 주머니에서 천 원짜리를 던지듯 건네주고 나는 그 자리를 도망치듯 벗어났다. 기사식당 앞에 세워진 택시들을 보면 한없이 부러웠다. 그 식사시간과 음식 값을 아끼고 절약하면 하루에도 1만원 이상 수입에 차이가 났기 때문이다. 1년이면 365만원이라는 거금이었기에 배부름의 유혹을 견딜 수밖에 없었다. 그렇다고 아예 모든 날을 굶은 것은 아니다. 도저히 참을 수 없는 지경에 이르면 편의점에서 산 컵라면에 뜨거운 물을 붓고 인적이 드문 골목길에 주차하고 택시 안에서 채 익지도 않은 라면을 먹은 적도 있었다.

갑자기 자동차 클랙슨 소리가 요란하게 울렸다. 마침 그 앞을 지나던 나이 지긋한 개인택시 기사님이 운전석 유리창을 내리며 혀를 끌끌 찼다.

"젊은 친구, 제대로 먹으면서 일해야지. 그렇게 라면으로 때우면 일하다가 죽어. 죽는단 말이야."

나는 아무 대꾸도 할 수 없었다. 누가 볼까봐 골목길에 숨어 마음 편하게 라면을 먹고자 했지만 이마저도 쉬운 일이 아니었다.

하루는 경희대학교 앞에서 컵라면을 무릎에 올려놓고 있을 때였다. 마땅한 골목길을 발견할 수 없었기에 편의점 앞에 택시를 주차하고 차 안에서 라면이 익기를 기다렸다. 주차단속에 걸리거나 그 시간에 손님을 모실 수 없기에 택시의 운전석에서 끼니를 해결할 요량이었다.

"회기역 가주세요. 이게 무슨 냄새지? 라면 드시는구나. 다른 택시 탈게요. 제가 급해서요."

택시에 앉았던 승객이 차에서 내리려고 다시 문을 열고자 했다. 나는 얼른 허리를 굽혀 컵라면을 도로에 내려놓았다.

"아닙니다. 빨리 모실게요."

신호등 2개만 잘 받으면 채 2분이 걸리지 않는 단거리였다. 승객을 내려 드리고 나니, 그 컵라면 생각이 났다. 다시 그 자리로 차를 돌렸다. 기적적으로 컵라면은 멀쩡하게 아스팔트 위에 쓰러지지 않고 당당하게 나를 기다리고 있었다. 다른 차량의 타이어를 용케 피한 컵라면이 대견했다. 뚜껑을 열어보니 라면이 알맞게 익어 있었다. 감사했다.

새벽에 일을 마치고 집으로 걸어가는 길은 마치 구름 위를 걷는 것처럼 어지러웠다. 가로등과 가로수에 간신히 몸을 의지하여 잠시 쉬기도 한다. 새벽길에 가로수를 붙잡고 있는 사람들을 보게 된다면 그들은 고주망태가 된 음주자이거나 택시기사일 것이다. 항상 시큰거리는 양쪽 무릎에는 파스가 덕지덕지 붙어 있었고, 치아가 하나씩 빠져나가기 시작했다. 어떤 날은 집에 거의 도착할 즈음에 짐승처럼 네발로 기어 간신히 아파트 계단을 오르기도 했다. 맞다. 나는 인간이 아닌 짐승처럼 살았는지도 모른다.

하지만 돌이켜 생각해 보면 그 시절이 없었다면 현재의 나도 분명히 없었을 것이다. 그래서 그 짐승과도 같았던 시절은 나에게 영광의 세월이기도 하다. 내가 살아있다는 사실, 그리고 내가 택시를 운전하면서 승객이 원하는 목적지에 데려다 주는 서비스를 제공할 수 있다는 사실, 그것도 고객과 대화를 나누며 돈을 벌 수 있다는 사실은 얼마나 기적에 가까운 삶인가.

나는 비록 불규칙한 삶을 살면서 택시운전을 하지만 돌아갈 수 있는 집이 있고, 나를 언제나 따뜻하게 맞아 주는 집사람이 있지 않은가. 그리고 피곤하면 잠을 잘 수 있고, 힘들지만 내 힘으로 돈을 벌 수 있는 팔다리가 멀쩡한 몸이 있지 않은가. 내가 만나는 사람, 내가 만나는 모든 순간, 시간과 공간 속에서 내가 만들어 가는 모든 추억이 드라마요 소설이며 영화가 아니고 무엇이랴. 더구나 나는 드라마와 소설의 주인공이지 않은가. 삶은 하루하루가 경이로운 기적이 아닐는지.

아들에게
보내는
편지

"아빠는 왜 매일 잠만 자냐고?"

네가 학교에서 집에 돌아오면 택시기사인 아빠는 매일 쿨쿨 잠만 자고 있었지. 다른 아빠들처럼 같이 놀아 주거나 숙제도 거들어 주지 못했어. 주말에는 놀이공원에도 데려가 주지 않았지.

오히려 아들은 '절대 주무시는 아빠를 깨우면 안 돼'라는 맞벌이 엄마의 당부를 지키려고 까치발로 걸으면서 현관문을 살짝 열고 집에 왔을 거야. 형이나 누나, 동생이 없는 외아들이라 많이 심심하고 외로웠을 거야.

그래서 포켓몬스터 만화영화에 나오는, 하루 종일 잠만 자는 뚱뚱한 캐릭터 '잠만보'는 아들이 아빠에게 붙여준 별명이었다. 어느 날부터 해맑던 아들의 얼굴이 어두워 보였는데, 무슨 말을 하려다 참았던 아들이 하루는 용기를 내었지. 그리고 아빠의 눈치를 살피더니 힘들게 입을 열었지.

"아빠, 다른 아빠들처럼 아침에 멋진 양복입고 출근하면 안 돼? 일요일에는 놀이공원에도 같이 가고."

하루 벌어 하루를 간신히 살아내고 주말과 휴일까지 반납하고 1년 365일 만근을 해야 했던 택시기사 아빠에게는 엄청난 부담이었기에 아무 말도 할 수 없었단다. 미안하다 아들아. 그때 아들의 간절한 눈빛을 외면한 아빠를 용서해 다오.

못난 애비는 엄마와 상의하여 드디어 놀이공원에 아들을 처음으로 데리고 갔지. 놀이기구도 타고 돈가스도 먹고. 아빠 접시의 돈가스까지 뺏어들고 마냥 행복해 했던 아들의 얼굴. 그렇게 어려운 일도 아닌데, 아빠는 그걸 결정하기에도 큰 결심이 필요했었어. 맛있는 식사를 마치고 아빠는 아들에게 손가락을 걸고 약속했지.

"아빠는 택시기사이지만 꿈이 크단다. 그냥 택시기사가 아니라 '국가대표 택시기사'가 되는 것이 목표란다."

"그럼 아빠, 올림픽에 나가서 금메달도 따고 TV에도 나와?"

아빠는 왜 아들의 물음에 답변을 못했을까? 하루는 아들이 학교에서 놀림을 당하고 울며 집에 들어왔다. 자초지종을 들으니 아뿔싸! 아빠가 실수를 한 것을 깨달았다.

'우리 아빠의 직업은 국가대표 택시기사야! 너희들 국가대표 알지?'

아들의 자랑에 친구들이 어떤 반응을 보였을지 눈에 선했다.

"아들아, 우리 식구끼리만 알고 있는 비밀을 친구들에게도 말했구나."

하지만 아빠는 의기소침한 아들을 위해서 억지로 '국가대표 택시기사'

를 꾸며낸 것이 아니었단다. 아빠의 진심이었단다. 어른인 나도 동료들에게 놀림을 받았지. 하지만 그때는 아무 말도 아들에게 해줄 수 없었단다. 너무 어렸으니까.

아들은 대학생이 되었고 군 복무를 하고 있는 지금, 택시기사의 아들로 건강하게 잘 커주어 아빠는 너무나 고마워. 택시기사의 아들로 살아온 나날들이 택시기사 아빠만큼 쉽지는 않았을 거라는 생각을 미처 못했단다. 못난 애비를 용서해 다오.

하지만 손가락 걸고 약속한 걸 잊지는 않았어. 사랑하는 아들과의 약속인데 어찌 잊을 수가 있겠니? 국가대표 택시기사가 되겠다는….

아들아, 네가 군대를 제대하고 대학교를 졸업하면 어떤 일을 하게 될지는 모르겠어. 아빠와 함께 너도 네가 하는 분야에서 국가대표가 되어 보지 않으련?

택시기사 아빠가

2막
배우지 않으면 배우가 될 수 없다

이 세상에 위대한 사람은 없다. 단지 평범한 사람들이 일어나 맞서는 위대한 도전이 있을 뿐이다. — 윌리엄 프레데릭 홀시

배움을 멈추는 순간 사람은 안이하게 살기 시작한다. 자신이 알고 있는 대로 생각하고 생각하는 대로 세상을 판단하고 평가하게 된다. 삶은 그때부터 위기를 맞기 시작한다. 지금 여기를 넘어 저기로 가기 위해서는 다시 마음을 다잡고 제대로 시작해야 한다. 원하는 것은 한 번에 그리고 한꺼번에 다 얻을 수 없다. 거절을 받고 더욱 간절해질수록 절망에서 멀어지고 희망의 싹이 자라기 시작한다. 지금을 벗어나 다음으로 가기 위해서는 부단히 배워야 한다. 그것도 온몸으로 배워야 온 세상을 끌어안을 수 있는 삶의 주연배우가 될 수 있다. 그런데 진짜 배움은 언제 일어나는가? 머리로 배운 걸 몸으로 움직여 직접 실천하는 가운데 진짜 배움이 시작된다. 사람의 성장은 깨달음 뒤에 찾아온다. 대오각성(大悟覺醒)해서 부단히 배워나가는 절차탁마(切磋琢磨)의 미덕을 실천에 옮길 때 일정 경지에 이를 수 있다. 그때부터 세상은 이전과 다르게 보인다.

1장

제대로 해야
대로大路가 열린다

택시운전을 제대로 해보고 싶었다. 누구보다 잘하고 싶었다. 아무리 생각해 봐도 단순하게 교통사고 없이 택시미터기 수입을 많이 올리는 것이 잘하는 기준이 될 수는 없었다. 보다 높은 차원이 있을 것 같았다. 하지만 어떻게 하는 것이 잘하는 것인지 알 수 없었다. 스스로의 기준을 만들어 보려고 했지만 쉽지 않았다. 지금 여기를 넘어서야 한계 너머의 세계에 도달할 수 있지 않은가.

'한계는 한 게 없는 사람들의 핑계'라는 말처럼 뭔가에 도전하고 싶은 열망과 열정이 있는 사람에게 주어진 한계는 넘을 수 없는 경계가 아니다. 오히려 도전하고 싶은 열정으로 뭉쳐진 사람에게 한계는 자신의 능력을 확장하고 심화시킬 수 있는 절호의 기회인 셈이다.

　내가 일하는 공간인 서울, 대한민국이라는 지역적 한계를 넘어 전 세계로 눈을 돌려보았다. 가까운 나라 일본의 'MK택시'와 런던의 '블랙캡(BLACK CAB)'이 우뚝 솟아 있었다. 그들이 내가 하고 있는 택시운전에 있어 타의 추종을 불허하는 세계 넘버원이라고 했다. 자타가 공인했고 의심하는 사람은 없었다. 모두가 찬사를 보냈고 심지어는 존경했다.

　타임지가 선정한 세계 최고의 서비스 기업인 일본의 MK택시. 말도 안 되는 것을 그들은 해냈다. 어떻게 친절의 대명사인 항공사와 호텔을 누르고 택시회사가 최고의 서비스 기업에 선정되었단 말인가? 어떻게 택시기사가 항공승무원과 호텔리어보다 더 격조 있고 품격 있는 서비스를 제공할 수 있단 말인가? 왜 JAL항공 승무원들은 MK택시에서 교육을 받는가? 왜 일본 국왕과 외국의 정상들은 의전차량을 마다하고 MK택시를 이용하는가? 재일교포가 세운 회사가 어떻게 일본인들의 견제를 뚫고 최고가 되었는가? 왜 MK택시의 성공사례는 일본 초등학교 교과서에까지 실렸는가?

　왜 런던의 블랙캡은 호텔스닷컴이 선정하는 최고의 택시로 연속해 이름을 올리는가? 왜 관광객들은 블랙캡 택시를 타보려고 하는가? 왜 런던의 움직이는 랜드 마크가 되었는가? 연봉 1억 이상을 벌면서도 왜 시민들에게 존경을 받는가? 그들이 성공하게 된

원동력은 무엇인가?

왜 우리나라의 택시는 그렇지 못한가? 다른 나라가 해냈으면 우리도 해낼 수 있고, 어떤 단체나 개인이 해냈으면 누구라도 할 수 있지 않겠는가? 왜 배우려고 하지 않고 따라하지 않으려 하는가? 그들을 넘어설 배짱이나 용기가 없는 것일까?

적어도 해당 분야의 일류가 되려면 일류처럼 생각하고 행동하지 않으면 안 된다. 베스트셀러 책도 읽지 않으면서 어떻게 베스트셀러를 쓸 수 있겠는가? 물론 가능하긴 하다. 아주 드물게 나올 수 있는 희망사항이다. 하지만 일류를 능가하려면 일류가 되지 못한 이류는 일류를 따라하되 결국에는 일류도 하지 않는 나만의 방식으로 그들을 넘어서야 한다.

수많은 의문들을 가슴속에만 간직하고 와신상담(臥薪嘗膽), 절치부심(切齒腐心)하며 참아왔던 나에게도 드디어 기회가 왔다. 10년의 택시운전으로 드디어 빚을 청산하고 꿈에 그리던 개인택시를 장만하게 된 것이다. 세상을 얻은 기분이었다. 고관대작이나 고래 등 같은 궁궐이 부럽지 않았다. 내 한 달 용돈은 2만원이었다. 한 달에 한 번 이발을 하고 목욕탕에 갈 수 있었지만, 목욕하는 것도 아꼈다. 은행의 빚 탕감도 결정적이었다. 이자가 이자를 낳았던 상황에서 원금만 갚을 수 있는 행운을 얻었다. 신용불량자라는 꼬리표도 당연히 사라졌다. 죽음을 각오로 열심히 일한 덕분이다.

'죽을 만큼 아팠다는 것은 죽지 않고 살아남았다는 것 …… 죽도록, 이라는 다짐은 끝끝내 미수에 그치겠다는 자백'

박신규 시인의 〈그늘진 말들에 꽃이 핀다〉는 시집에 나오는 '너는 봄이다'라는 시의 일부다. 우리는 죽을 각오로 일해도 죽지 않는다. 죽기 직전에 기사회생으로 대부분 살아나지 않는가. 죽기 살기로 결심하고 어떤 일을 하면 죽기보다 살기로 끝이 나는 경우가 많지 않던가.

"우리 MK택시는 교육으로 지금의 자리에 올랐습니다. 특히 신입사원 연수교육을 통해 세계 최고의 택시기사가 탄생합니다."

창업주의 말 한마디로 구체적인 목적지가 정해졌다. 매월 오백 명씩, 해마다 육천 명이나 되는 한국인들이 MK택시를 견학가고 있었다. 우리나라 TV에서도 MK택시의 성공을 주제로 한 〈교토 25시〉라는 드라마가 방영되기도 했다. 그런데 이상하게도 택시 관계자보다는 일반 기업이나 공무원들이 더 큰 관심을 보였다.

내 목표는 단순 견학이 아닌 일본인과 똑같은 입장에서 정식으로 신입사원 연수교육을 받는 것이었다. 외국인에게는 한 번도 문호를 개방하지 않았기에 전례 또한 없는 일이었다. 어쩌면 나의 시도는 처음부터 무모한 것이었는지 모른다. 하지만 나는 교육을 반드시 받아야만 하는 뚜렷한 목적의식이 있었다. 그리고 이를 위해서는 나의 능력, 노력, 열정, 성의 모두 남김없이 불사를 각오가 돼

있었다. MK의 허락을 받아내기 위한 구체적이고 단계적인 계획도 수립해 놓았다. '낙수가 바위를 뚫듯이' 내가 제풀에 쓰러져 중간에 포기하지 않는다면 결국 해낼 수 있으리라는 낙관적인 희망이 있었다.

일단 편지를 보내기로 했다. 그것이 아무 연고도 없는 일개 택시기사가 할 수 있는 유일한 수단이었다. 아무런 답장이 없었다. 계속 편지를 보냈다. 그들의 성공요인도 궁금했지만 더 궁금한 것이 있었다. 대한민국 택시기사 30만 명(지금은 줄어서 27만 2천 명이다), 전 세계적으로 택시기사는 약 3,000만 명이나 존재한다. 그 중에서 나는 몇 등인지? 세계 속에서 나는 과연 어떤 위치에 서있는지 알고 싶었다. 그래야 최종 목적지에 도달할 것 같았다. 자신이 서있는 위치를 모르면 표류(漂流)하고 있는 것과 무엇이 다르단 말인가?

반드시 목적지뿐만이 아닌 출발지가 입력되어야 작동되는 '내비게이션'과 인생은 닮아 있다고 생각했다. 나도 꿈이 흐릿해 지거나 목표로 가는 지향점이 사라지는 순간을 종종 경험한다. 아무리 찾아봐도 발견할 수 없어 포기하려는 순간도 있었다. 그러나 현재 위치를 다시 확인하면 다시 목표가 선명하게 나타날 때가 있다.

한두 번에 꿈이 이루어지는 경우는 거의 없다. 수없이 도전해 보고 좌절과 절망을 밥 먹듯이 반복하다 보면 언젠가 문이 열린다.

양질전화(量質轉化)의 법칙이 있다. 양적으로 축적되면 질적으로 반전을 일으킨다는 것이다. 내가 원하는 변화는 99도에서 일어나지 않는다. 물이 단 1도 차이로 100도에서 폭발적으로 끓듯 우리가 원하는 변화도 지루한 반복 끝에 때가 되면 질적 반전이 일어난다. 이런 변화를 위해 내가 할 일은 거절과 좌절에도 불구하고 기본을 갖춰 제대로 시작하고 또 시작하는 것이다.

제대로 하지 않으면 우리가 꿈꾸는 대로(大路)도 열리지 않는다. 수많은 졸작이 축적되면 모두가 꿈꾸는 대작도 나오지 않겠는가. 그런 작품을 만들기 위해 내가 지금 여기서 할 일은 마음을 가다듬고 제대로 처음의 마음으로 시작하는 것이다.

2장

―

거절을 받을수록

―

간절해진다

편지 몇 통으로 MK택시 신입사원 연수교육의 허락을 받아낼 것이라고는 애초부터 기대하지 않았다. 노력도 없이 행운을 잡으려는 것은 당연히 도둑놈 심보라고 생각했다. 단지 나를 우선 '포기를 모르는 끈질긴 놈'으로 각인시키고 싶었을 뿐이었다. 이제 강도를 조금 높여 다음 단계로 접어들 시기였다. 그것은 국내의 영향력 있는 유명인에게 추천장을 받아서 MK의 허락을 받아내는 것이었다. 그런 유명인은 일본에서도 잘 알고 있을 것이다. 편지를 보낼 대상은 너무나 쉽게 정해졌다. 주소도 인터넷에 공개되어 있었다. 대통령, 주한일본대사, 서울시장, 대기업 회장, MK와 관련이 있다는 모든 단체와 사람들에게 편지를 보냈다. 편지 안에는 추천장을 동봉하고 반송용 봉투에 주소도 적고 우표까지 붙였다. 물론 왜 일본 MK에 가야 하는지의 사연도 적었다. 드디어 몇 군데에서 답변이 왔다.

'귀하의 뜻은 가상하나 도움을 드리지 못해서 안타깝습니다. 부디 좋은 결실이 있으시길 바랍니다.'

대통령 비서실장의 답변은 등기로 된 편지 형식으로 왔다. 어떻게 대통령이 함부로 문서에 사인을 할 수 있겠는가? 국서가 될 수도 있기에 이해할 수 있었다. 정중한 거절이었지만, 답변을 준 것에 감사했다.

서울시장실에서는 매우 긍정적인 회신이 와서 시장 보좌관과 시청사에서 미팅도 했지만 최종 결정은 '단체가 아닌 개인은 지원할 수 없다'는 것이었다.

정치인과 대기업 회장님은 답변이 없었다. 그 바쁘신 분들이 내 편지를 읽을 시간은 없었을 것이다. 지금도 비서실에는 '좋은 사업 아이템이 있는데' '어머니가 아프신데 도와주면 나중에 몇 배로 갚겠다'는 등등의 편지가 산더미처럼 쌓여 있을지도 모르는 일이다. 두 분이 감사하게도 추천장에 사인을 해서 보내주었다. 모두 MK와 관련이 있는 분들이었다.

경북 안동병원의 강보영 이사장님은 당시 '모임MK정신'이라는 단체의 회장이었다. 이 단체는 MK의 경영철학을 연구하고 현장에 접목시키고자 하는 기업체 대표들이 구성원이었다. 특이하게도 안동병원은 의사와 간호사를 MK에 견학을 보내고 있었다. 사훈도 MK와 같았으며 매일 오전과 오후에 야외에서 진행되는 행사는 MK택시의 주간조와 야간조의 교대식을 그대로 따라하고 있었다. 성공한 기업의 사례는 일부가 아닌 전체를 그대로 100% 카피해야 한다는 이사장님의 경영철학이 작용했다고 한다. 이사장님은 안동병원이 적자로 도산하기 직전 우연히 〈MK의 기적〉이라는 책을 읽고 감명을 받아 MK를 벤치마킹했다고 한다. 그 후 안동병원은 기적적으로 회생했고 지금은 전국 종합병원에서도 내원환자 수에 있어 상위권을 유지하고 있다. 종합병원은 입지조건상 수도권에 위치하지 않으면 성공하기 어렵다는 통설과 고정관념을 안동병원이 보기 좋게 깬 것이다.

추천장에 사인을 해주신 또 다른 한 분은 삼성에버랜드 서비스 아카데미의 김해룡 원장님이었다. 직접 전화까지 주셔서 격려도 해주신 원장님은 MK택시 관련 도서도 감수했고, 국내 서비스산업을 한 단계 업그레이드시킨 분이다. 에버랜드에 입장한 고객의 젖은 신발을 발견한 직원이 자신의 신발을 대신 내어주고 젖은 신발은 말려서 돌려준 미담은 유명하다. 그 외에도 에버랜드에서 만들어지는 스토리와 서비스 사례는 감동적이다.

두 장의 추천장을 복사해 다시 MK에 편지를 보냈다. 그래도 MK

는 끄떡도 하지 않았다. 나 역시 그런 무반응에 끄떡하지 않았다. 나에겐 아직 비장의 카드가 여러 장 남아 있었고 최악의 경우 조금 과장해서 지옥까지 보여줄 용의도 있었다.

'열 번을 찍어서 안 넘어지면 백 번을 찍자!'

그야말로 백절불굴(百折不屈)의 자세로 도전의지를 다시 가다듬었다.

김종량 이사장님, 허운나 총장님, 모건 교수님과 더불어 신영복 교수님은 나의 멘토인 유영만 교수님의 스승이시다. 사석에서 유 교수님은 당신의 스승에 대한 많은 일화를 나에게 들려주었다. 그래서 나도 스승님의 스승님에게 관심이 많다. 나는 〈시경〉을 제대로 읽지는 못했지만 다음 구절은 예전에 신영복 교수님이 백련강(百鍊鋼)으로 글씨를 쓰시고 그 의미를 해설할 때 많은 감명을 받은 글이다.

精金百鍊出紅爐 (정금백련출홍로)
梅經寒苦發淸香 (매경한고발청향)
人逢艱難顯氣節 (인봉간난현기절)
雪後始知松柏操 (설후시지송백조)

좋은 쇠는 화로에서 백 번 단련된 다음에 나오며
매화는 추운 겨울을 이겨내야 맑은 향기를 발한다.
사람은 어려움을 겪어야 기상과 절개가 나타나며
송백의 푸른 지조는 눈이 온 후라야 비로소 안다.

단단한 강철도 백 번 두들겨 맞아야 탄생하듯 내가 간절히 원하는 결과도 적어도 백 번은 도전해야 얻을 수 있지 않을까? 거절을 당할수록 꿈으로 향하는 내 마음도 더욱 간절해짐을 느꼈다. 나는 일단 예정대로 백 번의 편지를 채우기로 했다. 그래도 안 넘어지면 강도를 높여 다음 단계로 넘어가면 된다. 직접 일본으로 건너가 MK 본사 앞에서 1인 시위를 하고 그래도 허락을 받지 못하면 죽지 않을 정도로 혀를 깨물 심산이었다. 그것이 나의 시나리오였고 내가 할 수 있는 모든 것이었다. 그래도 허락을 받지 못하면 어쩔 수 없는 일이다. 인간으로 할 수 있는 모든 것을 다하고 하늘의 명을 기다리는 진인사대천명(盡人事待天命)의 마음이었기에 전혀 불안하거나 초조하지 않았다.

3장

― 의지衣地하지 말고

― 의지意志대로 살아가자

MK에 첫 편지를 보낸 지 어느덧 3년이라는 세월이 흘렀다. 쉽게 허락을 받기 힘든 일이라 크게 기대를 한 것은 아니지만 전화벨이 울리거나 우편함을 확인할 때는 가슴이 두근거리기도 했다. 역시 나도 나약한 인간이었다. 심지어 까치 울음소리에도 마음이 들떴다. 앞으로 편지를 서른 번쯤 더 보내면 백 번을 채우게 된다. 그리고 일본으로 향하면 되었기 때문이다. 편안한 마음으로 일본어 공부에 몰두했다. 그러던 찰나 일본 MK그룹의 유태식 부회장님이 한국에 방문해 강연을 한다는 소식을 신문을 통해 알게 되었다. 신문을 읽은 자체가 나에겐 천운이었다. 직접 인사를 드릴 좋은 기회였다. 강연장은 여의도 국회도서관 강당이었다. 나는 강연

시간 훨씬 전부터 복도에서 초조하게 대기하고 있었다. 드디어 출입구에서 사진으로만 보았던 유태식 부회장님이 걸어오는 모습이 보였다. 순간 가슴이 콩닥콩닥 뛰기 시작했다.

"부회장님, 안녕하세요? 편지를 보낸 택시기사 정태성입니다."

부회장님은 듣지 못했는지 그냥 지나쳤다. 나는 더 큰 목소리로 인사를 드렸다. 부회장님은 그때서야 뒤를 돌아봤다. 눈빛이 마주쳤다. 서로는 말없이 서로에게 다가갔다.

"꼭 보고 싶었네. 자네가 보낸 편지 모두 읽어 보았네. 여기 나타날 줄 알았지. 우리 잠시 앉아서 얘기하세."

부회장님은 온화한 미소로 내 손을 잡아주었다. 강당 앞쪽의 빈 객석에 나란히 앉았다.

"부회장님, MK택시의 신입사원 연수교육을 꼭 받고 싶습니다."

부회장님은 난감한 표정이었다.

"견학을 오면 될 일을 왜 그리 고집을 피우나? 신입사원 교육에 외부인이 참여한 전례도 없고, 부회장인 나도 어찌할 권한이 없다네."

"세계 최고가 되기 위해 최고의 교육기관에서 최고의 교관으로부터 직접 배우고 싶습니다. 간곡하게 부탁드립니다."

부회장님은 깊게 한숨을 한 번 내쉬고 잠시 골똘하게 생각을 하는 것 같았다.

"그동안 편지를 보낸 세월이 얼마인가. 자네의 성의가 놀랍네.

3장 의지하지 말고 의지대로 살아가자 | 81

내가 제안을 하겠네. 매월 진행되는 2박 3일 견학과정이 아닌 연간 2회 진행되는 견학과 실습을 하는 일주일 특별과정이 있네. 내가 항공료와 교육비, 숙박비까지 대줄 터이니 그냥 몸만 오게나."

실로 파격적인 제안이었고 부회장님이 나에게 주는 커다란 선물임이 분명했다. 하지만 고민할 필요가 없었다.

"부회장님, 너무 감사합니다. 하지만 죄송합니다. 제 돈을 들여서 가고 싶습니다. 일주일 과정이 아닌 정식 신입사원 연수교육을 꼭 받고 싶습니다."

이 정도 파격적인 제안이면 대부분의 사람들은 그대로 수용할 것이다. 그러나 나는 처음부터 단호한 결심을 했고 제대로 교육을 받고 싶었다. 그래서 앞뒤 안 가리고 유 부회장님의 제안을 건방지게도 거절했다.

살다보면 우리는 크고 작은 기회와 행운을 만난다. 하지만 때로는 작은 기회와 행운을 잡는 순간, 더 큰 기회와 행운을 영원히 놓치게 되는 경우도 있다. 큰마음을 먹고 선의를 베풀어준 제안을 거절한 나를 유태식 부회장님은 대단히 건방지다고 생각할 수도 있었다. 부회장님은 또 한 번 크게 한숨을 내쉬었다.

내가 부회장님의 파격적인 제안을 거절한 이유는 선택의 여지가 없는 확실하고 선명한 목표가 있었기 때문이었다. 그것은 무엇으로도 대신할 수 없었다. 그리고 반드시 원하는 목표를 달성할 수 있다는 확신이 있었기 때문이다.

　부회장님은 강연을 마치고 제주도로 향했고 일본으로 떠났다. 가급적이면 제주도까지 따라가 재차 부탁을 드리고 싶었지만, 부회장님을 한국에 초대한 쟁쟁한 분들의 허락을 받지 못해 안타까웠다. 그 자리는 일개 택시기사가 낄 자리가 아니었기 때문이다. 그래도 직접 대면하고 인사를 드렸다는 것은 진일보한 큰 성과였다. 계란으로 바위를 치는 심정으로 나는 다시 편지를 쓰기 시작했다.

　사람은 살다보면 누군가에게 의지하고 싶은 충동이 일어날 때가 많다. 실제로 사람은 다른 사람의 도움 덕분에 성장하는 경우가 많다. 하지만 나는 어느 순간부터 남에게 의지하면서 살아가는 의지박약한 사람보다 내 의지대로 살아가는 강인한 사람이고 싶었다. 그동안 숱한 시련과 역경도 다 넘어선 가장 중요한 원동력은 불굴의 의지와 함께 나를 도와준 수많은 은인들의 은혜 덕분이다. 그 은혜를 갚는 방법은 내 의지로 내 꿈을 펼쳐 내 분야의 경지에 이르는 길이다. 그래야 내가 남에게 도움이 될 수 있는 전문가가 되는 길이라고 생각한다.

　'의지(依持)하지 말고 의지(意志)대로 살아가자.'
　내 삶의 소중한 슬로건은 오래 전부터 가슴에 품었던 가치관이자 인생관이다.

4장

간절함은 벽壁도

문門으로 바꿔준다

백 번의 편지 보내기를 마치면 일본으로 향할 구체적인 계획을 세워두었다. 서울에서 부산행 완행열차를 타고 거기서 시모노세키까지 가는 배를 탄 다음에 물어물어 MK택시 본사가 있는 교토(京都)까지 가는 것이 가장 교통비가 저렴했다. 세세한 부분까지 신경을 쓰다 보니 꿈에서도 나타났다. 일본으로 향하는 배가 풍랑을 만나 침몰하는 꿈에서 깨어날 때는 온몸이 땀으로 흥건하게 젖어 있었다. 그러던 중, 월요일 이른 아침에 한 통의 전화를 받았다.

"정태성 씨, 나 유태식일세. 신입사원 교육을 받고 싶은 마음은 아직도 변함없나?"

나는 그 자리에서 벌떡 일어났다.

"저에게 기회를 주신다면 열심히 교육을 받겠습니다."

내 말이 채 끝나기도 전에 전화는 끊겼다. 나는 이것도 꿈일지 모른다고 생각했다. 하지만 다시 전화가 걸려왔다.

"MK의 최병용 비서입니다. 정태성 씨 머리 둘레와 함께 신체 사이즈를 알려주세요."

"네? 무슨 말씀이신지요?"

"우리 MK택시 신입사원 교육 때 입을 유니폼을 미리 준비해 두려고요."

그때서야 나는 드디어 교육 승낙이 떨어졌다는 것을 실감할 수 있었다. 나는 최대한 빨리 일본에 가려고 전화를 마치자마자 항공권을 준비했다. 당시 일본은 조류독감이 전국적으로 확산되고 있는 추세여서 교육 승낙이 언제 철회될지 몰랐기 때문이다.

"일본 오실 때 꼭 정장을 입고 오셔야 합니다. MK에 견학오시는 한국 분들이 많은데, 어떤 분들은 등산복 차림으로 오시기도 하더군요. 그것은 예의에 벗어나며 부회장님이 아주 싫어하십니다."

최병용 비서실장의 간곡한 부탁이었다. 그것은 세계 최고의 서비스 기업으로 자리매김한 MK택시의 자부심이며 나도 의당 정장을 입고 가는 것이 기본적인 예의라고 생각했다. 구만 구천 원짜리 짙은 감색 양복과 검은색 구두를 장만해 입고 비행기에 올랐다. 그 양복은 생각보다 품질이 좋았으며 향후 한국에서도 나의 운전복

장이 되었다. 비행기는 눈 깜짝할 사이에 오사카공항에 도착했다.

공항에서는 MK의 직원이 나를 기다리고 있었고 가장 저렴한 MK점보택시(합승이 가능한 승합택시)로 안내해 주었다. 멋진 제복을 입고 친절하게 짐을 실어주는 MK의 택시기사를 보는 순간 감탄이 절로 나왔다. 두 시간 동안 고속도로를 달려 드디어 내가 교육을 받을 가미가모 영업소에 도착했다. 이곳은 예전에 MK택시의 본사가 있던 자리이기도 하다. 마침 교대시간이라 나는 분주히 오가는 MK택시 기사들을 신기하게 쳐다보고 있었다. 그들은 한결같이 나와 눈만 마주치면 인사를 했다. 기차 화통을 삶아 먹었는지 목소리는 쩌렁쩌렁했다. 이십 명과 눈이 마주치면 정확히 이십 번의 인사말을 들을 수 있었다.

"MKでございます。ありがとうございます。"(MK입니다. 감사합니다.)

유태식 부회장님과 더불어 MK에서 유일한 한국인이었던 최병용 비서실장은 나를 반갑게 맞아 주었다.

"오시느라 고생하셨습니다. 교육을 받으시는 동안 한국인이라는 특혜는 전혀 없습니다. 교육이 생각보다 무척 힘드실 겁니다."

"각오하고 왔습니다. 혹시 제가 어떻게 교육 허락을 받았는지 알 수 있을까요?"

"저도 그 부분은 잘 모릅니다. 저는 단지 정태성 씨의 교육 전,

편의를 봐달라는 부회장님의 지시만 따르고 있습니다."

교육장에서 걸어서 5분 정도 걸리는 기숙사에 안내되었다. 아직 가스가 연결되지 않아 난방과 취사뿐 아니라 더운 물도 사용하지 못했지만 찬밥 더운밥을 가릴 처지가 아니었다. 마침 가는 날이 장날이라고 첫날 밤은 이상한파가 닥쳐 옷가지를 겹겹이 껴입고 양말도 신은 채 뜬눈으로 밤을 지새웠지만 그래도 마냥 행복했다.

MK택시가 세계적인 관심을 받게 된 지는 30년 이상 되었다. 신입사원 연수교육으로 MK의 기적을 만들 수 있었다고 창업주가 공표했음에도, 현 시점에서 외국인으로 교육을 이수한 사람은 내가 최초이고 유일하다. 10년 전에 계획하고 편지를 처음 보낸 지 3년 6개월만에 성사된 교육이었지만, 나는 너무 쉽게 이루어진 교육의 기회에 어리둥절했다. 사실 내가 한 것은 고작해야 추천장을 동봉한 편지를 쓰고 한국에 방문한 부회장님께 인사를 드린 것이 전부였다. 나는 운이 좋은 사람이었다. 누구나 마음만 먹으면 할 수 있는 일이었다. 하지만 나 외에 한 명도 시도하지 않았다는 것은 풀리지 않는 수수께끼다.

교육을 마치고 한국에 돌아오자 나에게는 '외국인 최초 일본 MK택시 신입사원 연수교육 수료자'라는 타이틀이 붙었다. 그때부터 택시업계의 견제가 들어오기 시작했다. '그게 뭐 대단한 일인가? 그동안 MK에 다녀온 사람들이 넘쳐나는데.' 아예 공식석상에서 대놓고 폄하하기까지 했다. 노조원의 회비로, 단체의 지원금으로, 국가 세금으로 관광을 곁들여 며칠을 다녀 온 것과 비교 당하는 것이 싫었지만 굳이 반박하고 싶지 않았다. 다녀온 것이 중요한 게 아니라 어떤 변화를 이끌어 성과를 내느냐가 더 중요했기 때문이다.

오히려 일반인들의 관심이 더 컸다. 교육을 받고자 마음먹은 계기, 교육을 성사시킨 과정, 실제 교육을 받은 내용 등에 각각 다른 관심을 보였다. 그중에서도 NLP 트레이너인 심교준 박사님의 관심이 컸다. NLP는 신경언어프로그래밍(Neuro-Linguistic Programming)의 약자이다. 다음은 당시 심 박사님께서 나의 사례를 분석해 'NLP 성공법칙'을 설명해 준 내용이다.

▶ 13년 차 택시기사인 정태성 씨는 MK택시에서 연수를 받고 싶었다.
▶ 세계 최고의 서비스를 배우고 싶었다. (목표 / Outcome)
▶ 이러한 결심을 한 그는 MK택시에 편지를 보냈다. (행동 / Action)
▶ 답은 없었다. 그렇지만 좌절하지 않았다. (피드백 / Feedback)
▶ 안동병원 등 MK택시에서 연수를 받은 기업의 추천장을 받아

다시 보냈다. (자원 / Resource)
- ▶ 그래도 무응답, 그때 부회장의 국회 강연에 직접 찾아가 요청했다. (방법 / Knowhow)
- ▶ 교육을 받아들인다는 연락이 왔다. 그는 몇 년 동안 일본어를 배워두었다. (시간 / Time)
- ▶ 일본 연수가 실현되리라는 그 어떤 확답도 없었지만 그의 마음속에는 벌써 그렇게 될 것을 확신하고 있었던 것이다. (자기확신 / Self-confidence)

이처럼 나의 MK택시 신입사원 연수교육의 과정 속에는 NLP 성공법칙이 모두 갖춰져 있었다. ❶ 목표(Outcome) ❷ 방법(Knowhow) ❸ 자원(Resource) ❹ 시간(Time) ❺ 자기확신(Self-confidence) 이 5가지가 'NLP 성공법칙'이다. 이 중에서 나는 '목표와 자기확신'이 제일 중요하다고 생각한다.

이를 계기로 나는 NLP의 세계에 입문했고, 프렉티셔너(Practitioner)와 마스터트레이너(Master-Practitioner)를 거쳐 코치(Coach) 자격을 받았다. 내가 경험한 바로는 NLP는 사람을 변화시키는 강력한 도구 및 기법이다.

나는 지금도 스스로에 질문을 던져본다. 나는 지금 내가 하고 싶은 일을 얼마나 간절하게 원하고 있느냐고. 간절함은 그냥 마음속으로만 원하는 게 아니다. 간절함은 절박함이 낳은 자식이다. 뭔가 절박한 상황이 이를 넘어서려는 간절함으로 나타난다. 간절한 마음은 불가능한 상황에서도 주저앉지 않고 몸을 일으켜 세워 움직이게 만든다. 무엇을 하겠다고 다짐하고 결심만 하지 않는다. 정말 간절한 사람은 자나 깨나 오로지 그 생각뿐이다. 간절함은 몸부림을 불러온다. 온몸으로 간절하게 원하는데 안 되는 일이 있을까?

나는 예전보다 더 간절하게 내 삶을 살고 있는가? 더 반성할 일이다.

5장

진짜 배움은 배운 대로 실천하면서 일어난다

MK의 교육과정을 빠짐없이 상세하게 서술하는 것은 단행본 한 권으로도 모자랄 것이다. 여기서는 그 중에서 내가 충격을 받은 내용만 거론하고 나중에 기회가 된다면 자세히 분석하고 싶다.

본 교육에 들어가기 전의 아침 조회에서부터 온몸의 진이 모두 빠져나가는 것 같았다. 운동장에서 사가(社歌)를 부르고 사훈(社訓)과 안전수칙을 복창하고 끝없이 반복되는 'MK식 인사(人事)'는 마치 군대의 신병훈련소를 방불케 했다. 정확히는 이곳이 더 빡세다. 그런데 이상한 것은 모두가 이런 전근대적인 교육방법에 이의를 제기하지 않고 진지한 자세로 혼신의 열정을 다해 임한다는 것이었다. 옆에서 지켜보면 건성으로 하는 것인지 아닌지를 알 수 있었다. 동료들의 열기가 몸으로 전해져 왔기 때문이다. 특이하게도 목소리가 가장 큰 사람은 사장이었고 그 다음이 교관, 지도원, 신입사원 순이었다.

1시간의 조회시간이 끝나면 구역의 구분 없이 자율적으로 청소를 하는데, 몸동작이 가장 민첩한 사람이 화장실로 달려가 청소를 하는 것을 보고 놀라지 않을 수 없었다. 누가 화장실 청소를 하고 싶단 말인가? 그런데 여기서는 서로 먼저 하려고 경쟁이 치열했다. 그리고 교육 중간의 쉬는 시간 10분도 모두 휴식에 사용하지 않고 7~8분만에 모두 미리 착석을 하고 정자세로 교관을 기다리는 모습에도 감명을 받았다.

일본인을 우리는 겉 다르고 속 다른 민족으로 폄하하지만, 단체를 위해 개인의 희생을 마다하지 않는 그들의 국민성은 무섭기조차 했다. 충동과 본능에 충실한 것이 자신을 솔직하게 드러내는 선(善)이고 겉과 속이 다른 행동이 악(惡)일 수는 없다. 그들에게도 물론 단점이 있겠지만, 나는 가급적 장점만 보고 그것을 배우고자 했다.

처음에는 군대식 아침 조회를 그다지 좋아하지 않았다. 하지만 나도 혼신을 다해 따라했다.

'해보지 않으면 모른다. 그래서 일단 한다. 할 때는 건성으로 하지 않고 열정을 다한다. 해보고 나서 평가한다.'

내가 교육에 임하는 기본 태도와 마음자세다. 교육이 시작도 되기 전에 '형식적인 교육이겠지. 교육을 받는다고 뭐가 변하겠어. 시간만 때우자.'는 사람에게는 전혀 교육의 효과가 없다.

받아들일 수용자세가 없다면 어떤 교육도 소용이 없다. 최선의 열정으로 교육에 참여하지 않는다면 역시 얻는 것도 없을 것이다. 어떻게 성사된 교육의 기회이며 혹독한 대가를 치루며 받는 과정인데 내가 건성으로 하겠는가? 조금 과장하자면 목숨 걸고 하다시피 했다. 나는 평소에도 책을 빌려서 읽기보다는 구입해서 읽고, 할인이나 무상교육의 기회를 준다고 해도 정상가의 금액을 지불한다. 그래야 아까워서라도 교육에 제대로 임하게 된다.

교육이 진행될수록 긍정적으로 변하고 자신감을 가지게 되었다. 가슴속에 억눌린 부정적인 생각들이 부서져 외부로 터져 나왔다. 교육은 이론이 아닌 실습 위주였고 숙달될 때까지 반복을 거듭했다. 휠체어의 장애인을 어떻게 들어 택시 안으로 모시는지, 휠체어를 트렁크에 어떻게 싣고 고정해야 하는지와 세차 후에 차량의 단차 사이에 낀 미세한 왁스를 엄지손톱을 이용해 긁어내는 방법 등 매뉴얼과 실습과정을 겪으면서 그들의 준비정신과 세밀함을 엿볼 수 있었다.

택시기사의 개인위생과 차량의 청결, 안전운전과 도어서비스 등은 교육의 핵심내용이었고, MK택시에서 오래 근무한 경험을 가지고 있는 연세가 지긋한 지도원의 현장체험 교육은 매우 인상적이었다. 차량 한 대에 지도원과 피교육생 3명이 타고 실제 도로에서 지도원이 상황 설정을 해주고 서로 운전자와 승객 역할을 바꿔가며 수행하는 프로그램이었는데, 한 번의 과정이 끝나면 서로 토론을 하고 30년 이상의 택시운전 경력을 가진 지도원의 강평과 평가가 이루어진다. 도로의 어느 지역이 어떤 유형의 사고가 잘 나는지, 어떤 시간대에는 어디로 가야 손님을 모실 수 있는지 등도 실제 도로주행을 하면서 노하우를 전수해 준다. 초 속성으로 배출되는 한국의 택시기사와 비교하면 부러운 교육과정이었다.

교토 시내 지리시험이나 각각의 평가에서 나는 만족할 만한 결과를 보여주지 못했지만 교관과 지도원은 나의 열정과 성의를 감안해 거의 만점을 주었고, 하나라도 더 나에게 알려주려고 했으며 모든 실습에 나를 우선적으로 배려해 주었다.

교육을 받으러 일본으로 떠나는 나를 두고 한국의 택시기사 동료들은 MK택시에 대한 자료들은 한국에도 많은데 왜 굳이 일본까지 가느냐고 했었다. 하지만 머리로 이해하는 것과 몸으로 체험하고 가슴으로 느끼는 것은 천지차이였다.

한국의 13년 차 택시기사가 일본까지 와서 교육을 받는다는 것에 일본인 동료들도 신기해 했다. 처음에는 은연중에 나를 비하하는 듯한 '조센징(朝鮮人)'이라는 소리가 들리기도 했으나, 내가 열심히 교육 받는 모습을 보고서는 그들의 태도도 달라졌다. 교육 자료를 한국어로 번역해 주고, 마른 김과 반찬거리, 일본 전통복장을 선물해 주거나 식사도 대접해 주었다.

마침내 MK택시 신입사원 연수교육을 마치게 되었다. 수료자는 한 명도 빠짐없이 교육수료 소감을 발표하는 것이 MK의 전통이었다. 자신의 감정을 거의 드러내지 않고 굳건하게 교육을 받아왔던 그들이 아닌가? 그런데 수료 소감을 발표할 때는 하나같이 감정에 복받쳐서 아이처럼 눈물을 펑펑 쏟아내고 있었다. 드디어 내 차례가 다가왔다.

"교관님과 동료 교육생 모두의 도움으로 무사히 교육을 마칠 수 있었습니다. 많은 것을 배우고 갈 수 있도록 교육 참여를 허락해 주신 MK택시 부회장님과 관계자 모든 분들에게 감사드립니다. 앞으로 MK택시 신입사원 연수교육 수료자의 명예를 지키며 살아갈 것을 다짐합니다. 감사합니다."

사실 한국에서부터 미리 준비한 소감이었지만 진심이었다. 일본인 교육생들에게 비춰지는 나의 모습은 전체 한국인이나 택시기사를 대표할 수 있기 때문에 부담감도 많았었다. 그래서 더 악착같이 교육과정을 수료한 것 같다.

일본을 이기는 방법은 간단하다. 각자 맡은 역할을 일본인보다 잘하면 국가 전체가 일본을 이기는 것이다. 교육을 받으러 일본행 비행기를 타면서 다짐한 것이 있다.

'지금은 내가 배우러 기꺼이 가지만, 언젠가는 역으로 당신들이 나를 배우러 한국에 오게 하겠다!'

수료식 다음 날, 늦은 아침에 일어나 기숙사 청소도 하고 반납할 MK택시 제복을 세탁하고 있는데 전화벨이 울렸다. 부회장님이었다.

"힘든 교육도 이제 다 끝났는데, 교토 시내를 관광하는 것이 어떤가? 비용은 부담 갖지 말게나."

부회장님은 곧 한국으로 돌아갈 나에게 무료 관광의 기회를 주고 싶었던 것이다. 마음이 찡했다. 하지만 궁핍한 형편에 아내에게 생활비도 못주고 온 처지에 관광은 나에게 사치일 뿐이었다. 힘들게 한 달을 생활했을 아내를 생각하면 너무나 미안해 마음 편히 관광을 할 수 있는 입장도 아니었다.

"말씀은 감사하지만 관광은 나중에 가족과 함께 기회 되면 하겠습니다."

"그래? 그럼 내가 차를 보내줄 터이니 내일 내 사무실로 오게나."

다음 날, MK택시 최고의 하이얼택시(대절택시)를 타고 부회장님이 있는 오사카의 긴끼산업신용금고로 향했다. 하이얼택시는 MK택시 중에서도 최고급 차종에 베테랑 기사만 운전하는 택시다. 1

시간 이용료가 1만엔이었으니 보통사람은 탈 엄두도 못 낸다. 적자에 허덕였던 긴끼산업신용금고는 MK택시에 도움을 요청했고, 경영권까지 인수한 MK택시는 이후 100배의 성장을 이룩하여 금융계의 신화를 창조하기도 했다. 부회장님은 인자한 미소로 나를 반갑게 맞이해 주었다.

"교육을 받고 무엇을 느꼈나?"

"오기 전에는 MK택시에서 친절은 수익 창출의 도구라고 생각했습니다. 하지만 배울수록 그것만은 아니라는 걸 깨달았습니다. 저는 뜨거운 인간애를 느꼈습니다. 친절은 MK택시의 존재 이유입니다. 구르는 재주밖에 없는 굼벵이는 구르는 것이 존재 이유이듯이, 택시기사는 친절한 서비스 말고는 세상에 줄 수 있는 게 없습니다."

부회장님의 눈시울이 순간 촉촉해 졌다. 원래 이성적이기보다는 매우 감성적인 분이었고 강연 중에도 종종 눈물을 보이는 따뜻하고 인자한 분이었다.

"그럼 되었네."

"부회장님, 외람되지만 저도 질문이 하나 있습니다. 왜 저의 교육 요청을 수락해 주셨는지요?"

견학이 아닌 신입사원 연수교육의 청을 들어준 부회장님의 심경 변화가 궁금했었다.

"사실 자네의 편지를 받고 승낙할 수는 없었네. 엄연하게 견학프로그램이 있는데, 규정을 어기면서 자네를 신입사원 교육에 참여시키기는 어려웠네. 우리 MK택시 역사상 전례가 없었지. 대통령의 추천장을 받아냈어도 소용없는 일이었을 것이네. 하지만 자네의 의지가 워낙 강해서 끝까지 포기하지 않을 것이라고 생각했네. 나도 고민이 많았고 괴로웠네. 결국 교회에서 기도를 드리는 중에 응답을 받았네. 자네의 요청을 수락하라는 하나님의 뜻을 따르기로 말이야. 우리 MK 내부에서도 반대가 많았지만 내가 설득시켰네."

부회장님은 교토에 있는 교토교회의 장로님이기도 했다. 부회장님은 중요한 결정을 내릴 때 기도로 하나님의 응답을 기다린다고 했다.

"자, 그럼 이제 한국에 돌아가 MK택시에서 교육받은 그대로, 운전할 때는 정장을 입고 예약 승객을 맞이할 때는 문을 열어줄 수 있겠나?"

일본은 이미 그런 문화가 정착이 되어 있기 때문에 오히려 그런 서비스를 하지 않는 것이 이상한 일이겠지만, 한국은 사정이 달랐다. 정장을 입고 예약 승객에 한해 택시의 문을 열어준다는 것은 한국의 실정에서는 어색하고 과도한 택시서비스였기 때문이다. 이런 서비스를 받는 승객들도 거북해 하기는 마찬가지일 것이다. 하지만 나는 이미 마음을 굳히고 있었다.

"네, 배운 대로 실천하겠습니다."

교육을 받고 변화가 없다면 부회장님이 얼마나 실망을 할 것인가? 세상은 생각이 아닌 몸으로 실천할 때만이 변한다. 부회장님은 떠나는 나를 배웅하기 전에 당부의 말씀을 했다.

"한국에 돌아가서 MK택시의 서비스 정신을 널리 전파해 주게. 아마 가까운 동료부터 자네를 비난할 지도 모르겠네. 하지만 10년 정도 지속하면 택시기사를 존경하는 시민도 있을 것이네. 우리 MK도 처음에는 과도한 서비스라고 비난을 받았지만 지금은 MK택시 기사가 시민에게 존경을 받고 있지 않는가?"

실제로 그랬다. 교토지역에서 지나가는 MK택시를 부를 때는 그냥 '택시' 하고 부르지 않고 'MK상(さん)' 하면서 인격을 부여할 정도이다.

나는 한국으로 돌아와 배운 대로 실천했다. 정장을 입고 택시의 문을 열어 손님을 맞이한다는 행위 자체는 그리 어려운 일이 아니었다. 하지만 남이 하지 않는 것을 내가 시작한다는 것은 대단한 용기가 필요했음을 고백한다.

배우고 실천하지 않는다면 배울 필요도 없다고 생각하는 나는 실천주의자를 지향한다. 진정한 뭔가를 배우는 과정보다 배운 것을 실제 삶에 적용하는 과정에서 발전하게 된다. 아리스토텔레스도 말하지 않았던가. 배워야만 할 수 있는 일을 거꾸로 하면서 배운다고.

우리는 많은 것을 실천하면서 배운다. 실천하지 않고서는 내 앎이 올바른 것인지, 실제 타당한 앎인지를 알 수 없다. 앎은 실천을 통해 비로소 그 가능성은 물론 유용성이 결정된다. 진짜 배움은 배운 대로 실천하는 가운데 온몸으로 깨닫는 체험적 교훈에 있다.

아버지에게 드리는 편지

　보훈병원의 중환자실에서 말기 폐암으로 힘겹게 사투를 벌이고 있었던 아버지는 지인들의 병문안을 그리 달가워 하지 않으셨다. 아버지는 초췌한 당신의 모습을 남들에게 보이고 싶지 않으셨을 것이다. 군에서 예편을 하고도 항상 꼿꼿하고 당당한 자세로 살아오셨던 아버지였다. 폐암 말기 판정을 받고도 좌절하거나 침통해 하지 않으셨고 암과 당당히 맞섰던 아버지. 나도 그런 아버지가 병마를 이겨내고 침대에서 벌떡 일어설 것만 같았다.

　하지만 투병생활이 길어지면서 간혹 혼수상태에 빠졌다가 기적같이 다시 일반병실로 돌아오길 반복하면서 아버지는 조금씩 지쳐갔다. 그러면서 아버지는 자주 정신이 혼미해지기도 했고 가족들을 알아보지 못하기도 했다. 그러던 어느 날 맑은 정신의 아버지가 나를 나직하게 불렀다. 그리고 내 손을 잡았다.

"태성아, 때려서 미안하다."

아버지는 아들의 훈육을 위해 회초리로 종아리를 때린 것을 아들에게 사과하고 있는 것이었다. 아들의 마음은 무너져 내렸다. 이제 헤어질 시간이 다가옴을 부자지간에 인정하는 순간이었기에….

"직업에 귀천이 있겠느냐. 나도 몸이 성했으면 택시운전을 했을 것이다. 세계 최고의 택시기사가 되어다오."

그로부터 며칠이 지나고 아버지의 병세가 급격하게 악화되었다. 중환자실에서 임종실로 옮긴 직후 아버지는 소천했다.

소아마비를 심하게 앓았던 할머니는 아기를 낳지 못하는 집에 재취로 들어와 아버지를 낳고 아버지가 초등학교를 다닐 때 일찍 운명했다. 빈농의 장남이었던 아버지는 농사일을 거들면서 먼 친척의 도움으로 간신히 농업고등학교를 졸업하고 학비가 들지 않는 육군사관학교에 입학하고 그 후 직업군인이 되었다.

고지식하고 융통성 없는 아버지는 전형적인 군인이었고 장군이 되어서도 일에만 몰두했다. 가장 먼저 출근하고 가장 늦게 퇴근했으며 휴가도 없이 휴일에도 부대에 나가 근무를 했다. 근무 중 뇌졸중으로 쓰러지고 예편했지만 불굴의 투지로 건강을 회복했다. 하지만 다시 말기 폐암 진단을 받고 1년 이상 투병했지만 끝내 영면했다. 국가를 위해 목숨을 바치고 국립묘지에 묻히는 것이 꿈이었던 아버지는 당신의 소원대로 대전현충원에 안장됐다.

　시장에서 산 싸구려 5천 원짜리 운동화를 신고 등산했던 아버지는 누구보다 검소했다. 보다 못한 며느리가 시아버지 생일 선물로 마련한 등산화를 아버지는 5년 간 신었다. 아버지의 유품을 정리하다 나는 그 등산화를 유일한 유품으로 남겨두었다. 그리고 내 의지가 약해지면 아버지의 등산화를 신고 산에 오른다. 한 발 한 발 조심스럽게 산을 오르며 최고의 택시기사가 되어달라는 아버지의 유지를 가슴에 다시 새긴다.
　나는 아버지를 존경한다. 아버지가 장군이라서가 아니라, 당신은 장군임에도 택시기사 아들에게 그런 유언을 남겨주었기 때문이다.

　　　　　2018년 1월 1일 국립대전현충원 장군1묘역 147호 앞에서 아들이

3막
도전하지 않으면 도약할 수 없다

나는 꿈과 소망이 없는 자들 사이에서 군주가 되기보다는, 실현할 포부를 지닌
가장 미천한 자들 사이에서 꿈을 꾸는 사람이 되는 쪽을 선택하리라. — 칼린 지브란

세상의 모든 성취는 도전이 낳은 자식이다. 그리고 도전은 숱한 거절을 먹으며
더욱 강도가 높아진다. 한 번의 도전으로 모든 것을 성취한 사람은 천운이다.
진짜 스승은 도전으로 깨달은 교훈의 경험이다.
오늘보다 나은 내일의 출발은 기본이다.
기본이 무너지면 기술연마도 어렵다. 기본기로 무장한 기술이라야
예술의 경지에 이를 수 있다. 기술이 예술의 경지에 이르려면 한 분야에 몰입하는
열정이 필요하다. 한 분야에 미쳐야 일정한 경지에 이를 수 있다.
불광불급(不狂不及)의 열정과 몰입이 필요한 것이다.
"누구도 해낸 적 없는 성취는 누구도 시도한 적이 없는 방법을 통해서만 가능하다."
프란시스 베이컨의 말이다. 자세를 낮추고 모든 사람과 세상으로부터 배우면서
도전을 멈추지 않는 한 삶은 희망이 있다. 단순한 실천을 진지하게 반복하는
우공이산(愚公移山)의 노력으로 호랑이처럼 앞을 내다보고 소처럼 우직하게 걸어가는
호시우보(虎視牛步)의 미덕을 실천에 옮길 때 꿈은 현실로 다가온다.

1장

도전은
거절을 먹고 산다

여행 전문 사이트 호텔스닷컴(Hotels.com)이 각국의 여행자들을 상대로 설문조사를 실시한 결과 최우수 평점을 받은 런던의 블랙캡(Black Cab)이 MK택시 다음으로 도전하고 싶은 큰 산이었다. 지리적으로 가깝고 같은 문화권이며 사전 자료조사도 충분했던 MK와 달리 런던은 너무 멀게만 느껴졌다. 그리고 영국의 택시는 공식적인 교육과정 자체가 없었기에 개인적으로 연수프로그램을 짜야 했다. 연수비용에 대한 압박감도 상당했다.

MK에 다녀오고 2년 동안 전전긍긍하며 고민하고 있던 중 영국에 폭동이 일어났다. 실업난에 복지예산이 삭감되어 하층민의 반발이 심했고 대응과정에서 경찰이 쏜 총에 청년이 사망하자 런던

일대가 약탈과 방화의 무법천지가 된 사건이었다. 연일 TV는 런던 폭동사태를 방영하고 있었고 사태는 진정되기는커녕 확산되고 있었다. 그 과정 중에 추가로 사망자가 속출하고 있었다.

'모두가 런던을 도망치듯 빠져나갈 때, 거꾸로 런던으로 향하면 항공기 요금이나 숙박료도 저렴하겠지?'

런던 시민에게는 미안했지만, 런던의 위기는 나에게 기회이기도 했다. 하지만 이번에는 아내의 반대가 심했다.

"당신이 언론사 특파원이야? 종군기자야?"

"당신은 정말 이해가 안 되는 사람이야. 일본에 갈 때는 조류독감이 퍼져있을 때 가더니, 이번에는 폭동이야. 왜 하필 그때를 선택해서 가야 하냐고?"

폭동으로 많은 시민과 경찰관이 사망하고 있는 곳에 간다고 하니 당연한 반응이었다. 하지만 그로부터 많은 세월이 지나 그때를 회상해 보았다. 만약 폭동이 없었다면 언제 런던에 갔을까? 아마도 영영 가지 못했을지도 모른다. 나는 아내의 만류에도 불구하고 또다시 관계 부처에 편지를 쓰고 있었다.

런던에 도착해 블랙캡을 타보며 느끼고 궁금한 점은 현지 기사를 상대로 인터뷰할 수 있지만, 택시 전반에 대한 제도나 정책은 택시 관할 관청인 런던교통공사(Transport for London, 약칭 TfL)의 협조가 절실했다.

"한국에서 온 택시기사인데요, 영국 택시에 관심이 많아서 런던에 왔습니다. 만나주시고 인터뷰에 응해주실 수 있나요?"

과연 타국의 일개 택시기사인 나를 TfL 담당자가 만나줄까? 이번에는 확신이 아닌 가능성 자체가 희박해 보였다. 이럴 때 소개장이라도 있으면 큰 도움이 될 것 같았다. 국내 기관이나 협회에 도움을 청해보려 했지만 MK에 갔을 때와 같이 '당신은 개인적인 신분이기에 도움을 줄 수 없다'는 답변이 돌아올 게 뻔했다. 하지만 고심 끝에 다시 국내 여러 기관에 도움을 청해보기로 했다. 밑져 봤자 본전이니까 말이다. 시간이 촉박했기에 이번에는 MK에 편지를 보냈던 곳보다 대폭 줄여서 편지를 썼다. 대통령, 서울시장, 주한영국대사, 외교통상부 장관, 한국관광공사 사장, 국가브랜드위원회 위원장, 한국방문의해위원회 위원장, 각 기업체 회장실 등등이 대상이었다.

편지의 제목은 '불가능은 없다고 믿는 어느 택시기사의 간절한 꿈'이었다. 이번에는 신원증명서와 함께 12장의 편지를 직접 제본해 보냈다. 편지를 쓴 목적은 TfL에 보낼 소개장을 써달라는 것이었다. 대한민국 택시가 변하면 국가 전체에 긍정적인 파급효과가 크다는 점도 강조했다. 당돌하기도 하고 무모한 듯 보였지만 내가 할 수 있는 모든 것을 해봐야 후회하지 않을 것 같았기 때문이다. 제일 먼저 연락이 온 곳은 뜻밖에도 주한영국대사관이었다.

"안녕하세요? 정태성 기사님. 주한영국대사 비서실입니다. 마틴 유든(Martin David Uden) 대사님께서는 한국어를 굉장히 잘하셔서 보내주신 편지를 꼼꼼하게 읽어보셨고, 비서인 저에게 기사님께 꼭 전해 달라고 당부를 하셨습니다. 주한영국대사관에서는 공식적으로 어떤 소개장이나 추천장을 써드릴 수 없음이 애석하다고 하셨습니다. 대사님께서는 영국이 현재 폭동 중인데, 부디 기사님께서 만족할 만한 성과를 얻으시길 바라시면서 아무 사고 없이 한국에 안전하게 귀국할 수 있기를 희망하신다고 꼭 전해 달라고 하셨습니다."

나는 실망은커녕 오히려 정중한 거절과 배려에 감동했다. 그동안 나의 도전과 시도는 무수한 거절에 익숙해 있었는데, 내 편지를 대사님이 읽어 봤다는 것 자체만으로도 감사했다. 실로 나에게 큰 용기를 주었던 전화 한 통이었다. 역시 신사의 나라, 영국다운 답변이었다. 영국으로 떠나기 전날에 또 한 통의 전화를 받았다.

"정몽구 회장님 비서실입니다. 보내주신 편지 감동적으로 받아보았습니다. 정태성 씨의 꿈을 응원하기 위해 택시 관련 주무부서인 서울시청과 서울시개인택시운송사업조합에 현대자동차 명의로 협조공문을 보냈습니다. 그러나 관련 규정이 없다고 난색을 표명해 왔습니다. 그래서 현대의 런던지사 임직원을 통해 TfL의 컨택과정에 도움을 드리고 싶었지만, 현재 런던이 폭동 중이라 전 직원이 대피 중입니다. 폭동이 진정되고 나면 도움을 드릴 수 있는데, 런던은 추후에 가시면 어떻겠습니까?"

내가 원했던 결과 이상이었다. 역시 편지 보내기를 잘했다고 생각했다. 하지만 항공편 취소 위약금과 선불로 지불한 열흘간의 숙박료가 문제였다. 이 비용은 대출까지 받아서 해결했기에 이중으로 피해가 컸다. 폭동이 진정되고 나중에 도움을 받아서 다시 런던을 가는 한이 있더라도 이번에는 일단 몸으로 부딪혀 보기로 했다. 나는 지금도 주한영국대사님과 현대자동차그룹의 배려를 잊을 수 없다.

다음 날 나는 비장한 각오로 런던행 비행기에 올랐다. 당시 나는 선진택시문화를 배우는 것에 미쳐 있었다. 아니, 택시와 관련한 모든 부분에 미쳐 있었다. 모두가 안 된다고 생각하며 안 가도 되는 이유를 생각할 때 나는 되는 방법을 부딪혀 가면서 찾기로 했다. 뭐든지 도전을 시작하지 않으면 내 생각이나 능력도 한계를 넘어설 수 없다. 뭐든지 시작해 봐야 왜 안 되는지를 알 수 있지 않겠는가!

"일단 내 앞에 있는 조잡한 도구로 시작하라. 망치로 삽을 만들면 삽으로 사과나무를 심고 사과 열매를 팔면 책을 살 수 있다. 시작을 해야 능력의 확장이 일어난다." (55쪽)

은유의 〈글쓰기의 최전선〉에 나오는 말이다. 맥가이버도 완벽하게 준비한 다음 도전을 시작하거나 위기극복방안을 미리 모색하지 않았다. 일단 내 주변에서 가용한 지식과 도구를 동원하여 이리저리 시도하면서 대책을 마련하고 난국을 타개할 대안을 찾아낸다. 가만히 앉아 생각만 해서는 되는 일이 없다. 부정적인 생각이 꼬리를 물고 안 되는 방법을 찾아줄 뿐이다. 몸으로 부딪히고 좌충우돌하는 체험이 위기를 극복하고 새로운 돌파구를 찾아낼 가능성의 문을 열어준다.

2장

진정한 스승은
경험이다

T A X I

　런던에서 택시운전 자격증을 취득하기 위해서는 무려 3년 동안 도합 6번의 시험을 통과해야 한다. 빨라야 3년 늦으면 7~8년, 그나마 그것도 합격자에 한해서이고 끝내 자격증을 취득하지 못하는 사람들이 훨씬 많다. 그래서 명문 옥스퍼드대학에서 박사학위를 받는 것과 런던에서 택시운전 자격증을 취득하는 것이 비슷할 정도로 어렵다고 한다. 특히 지리는 넬슨제독 동상을 기점으로 반경 6마일 안의 도로와 건물을 완벽하게 익혀야 한다. 39,000개의 도로명과 15,000개의 건물명까지 외어야 하며 시험관의 탑승 하에 최단거리, 최소시간에 안전하게 목적지까지 도착해야 한다.
　런던은 택시의 승차거부가 합법이며, 택시에 한해 신호위반이나 중앙선 침범이 용인된다. 버스와 함께 전용차선을 이용할 수 있고 택시요금 또한 세계 최고 수준이다. 승차거부를 당하면 우리나라에서는 택시가 비난의 대상이 되겠지만 런던의 시민들은 불만은커녕 그들을 존경까지 한다. 런던은 그래서 택시기사의 천국이지만, 그들이 택시기사가 되기 위한 치열한 노력의 과정이 있기에 존경을 받는 것 같았다.

나는 그동안 택시기사가 좋은 대우를 받기를 원했지만, 그에 상응하는 어떤 노력을 했는지 반성하는 계기가 되었다.

"오로지 런던 택시를 타보고 배우기 위해 한국에서 온 15년 차, 택시기사입니다."

블랙캡 기사는 신기해 하면서도 자부심을 느끼는 것 같았다. 33개 항목에 걸친 평가지에 기록을 하면서 연신 질문을 퍼부었다. 자격증 취득을 위한 준비와 절차, 택시운전에 대한 사명감, 차량의 구입과 관리, 월수입과 식사, 건강관리, 진상 손님 대처법이나 에피소드 등 물어볼 것이 너무나 많았다. 그들은 귀찮아하기는커녕 성실히 답변을 해주었다. 국적은 다르지만 같은 택시기사라는 동질감과 지구의 반대편에서 자신들을 배우러 온 성의와 열정을 인정해준 것 같았다. 목적지에 도착해서는 나를 운전석에 앉히고 기념사진을 찍어주기도 했다.

"보닛(bonnet)도 열어주세요."

2장 진정한 스승은 경험이다 | 119

런던 택시기사가 경력 30년 만에 승객이 내리면서 엔진룸까지 구경한 것도 처음이라며 껄껄 웃었다. 나는 요금 외에 약 15%의 팁을 준비했지만, 택시요금의 절반만 받는 기사도 있었다. 특히 자신의 이름을 피터(Peter)라고 밝힌 노신사 택시기사는 멋들어진 수염을 길렀는데, 마치 영화배우 조지 클루니를 연상케 했다. 온화한 미소와 세련된 매너로 친절하게 블랙캡의 거의 대부분을 설명해 주었다. 그를 닮고 싶었다.

이제 택시를 관리하는 관청인 TfL을 방문할 차례였다. 담당자에게는 한국을 떠나기 전에 미리 이메일과 서신으로 면담 신청을 마친 상태였지만 가타부타 답변은 없었다. 그들도 내가 직접 런던에 올지는 몰랐을 것이다. TfL 민원실에 정식으로 택시 담당자 면담 신청을 했다. 거절의 답변이 돌아왔다. 사전약속이 되어있지 않으면 출입증을 교부받을 수 없다고 했다. 충분히 예상한 일이었다. 그러나 나에게는 다음 준비가 마련되어 있었다.

다음 날 한국에서 준비해간 1인 시위용 피켓을 들고 교통공사 앞에서 조심스럽게 1인 시위를 했다. 멀리서 경찰관이 보이면 잠시 숨기도 했다. 숙소의 주인장에게 들은 말이 떠올랐다.

"때가 때이니만큼 폭동사태가 진정되지 않은 런던의 관공서 앞에서 외국인이 시위를 하면 연행되거나 강제 추방이 될 수 있습니다. 그리고 최악의 경우 총알이 날라 올 수도 있어요. 그런 무모한

짓은 절대로 하지 마세요."

청사를 오가는 직원들이 나를 유심히 보았지만 별다른 효과가 없어 숙소로 돌아왔다. 숙소에는 마침 한국 관광객 한 명이 새로 숙박을 시작했다. 무척 반가웠다.

"저 좀 도와주실래요? 내일 사진 한 장만 찍어주세요."

20대 젊은 남성인 그는 자초지종을 듣고 기겁을 했다. 자기도 나와 함께 연행되어 추방당할까봐 걱정하는 눈빛이 역력했다.

"그런 무식한 짓을 저는 못합니다. 아직 살날도 많이 남았고요."

내가 살아오면서 겪었던 우여곡절과 런던에 온 목적을 진심을 다해 설명하고 사정사정해서 그를 간신히 설득할 수 있었다. 하지

2장 진정한 스승은 경험이다 | 121

만 그가 자고 나면 마음이 변해 도망갈 수도 있었기에 새벽에 일찍 일어나 그를 감시했다.

다음 날은 사진만 찍고 바로 숙소로 돌아와 TfL 담당자에게 사진을 첨부한 이메일을 보냈다. '답신이 없어 한국에서 당신이 근무하는 청사 앞까지 왔다. 그리고 만나달라고 1인 피켓시위를 하고 있는 중'이라는 압박의 표시였다. 그동안 묵묵부답이었는데 이번에는 2시간 만에 답신이 왔다. 담당자는 '또라이' 그것도 국제적인 '상또라이'가 나타났다고 거품을 물었을지도 모른다.

"정말 런던에 오셨군요. 우리 건물 앞에서 1인 시위하는 사진을 보고 알았습니다. 귀하는 외국인에다가 개인적인 신분이기에 공무원인 제가 공식적으로 만날 수는 없습니다. 홈페이지에 자세하게 블랙캡에 대한 안내가 있으니 참고하시고, 문의사항이 있으시면 이메일을 주세요. 면담은 어렵지만 이메일로 답변해 드리겠습니다."

하지만 블랙캡에 대한 궁금증은 거의 해소된 상태였다. 단지 난공불락(難攻不落)의 런던교통공사(TfL)라는 묵묵부답의 거대한 성벽(城壁)을 무너뜨리고 싶었을 뿐이었다.

한국의 택시기사들이 나에게 붙여준 별명이 성씨를 딴 '정똘'이었다. 또라이들에게는 난공불락(難攻不落)의 성(城)은 이 세상에 존재하지 않는다. 나는 책상에서 배운 지식을 믿지 않는다. 책상에서는 진리로 통용되지만 현실 앞에서는 무력한 경우가 많지 않은가. 뭐든지 몸으로 배운 지식, 직접 체험으로 터득한 지혜야말로 가장 값진 깨달음이다. 아인슈타인도 말하지 않았는가. 지식은 학교에서 가르칠 수 있지만 지혜는 오로지 시행착오를 통해 배울 수 있다고.

나는 가방끈이 짧아서 누구나 다 알아야 될 지식은 미천하다. 하지만 그동안 택시운전을 통해 밑바닥 체험을 하며 어디서도 배울 수 없는 소중한 삶의 지혜를 많이 배웠다. 이런 삶의 교훈을 얻으며 내가 해보고 싶었던 꿈은 전 세계 어디에서도 찾아볼 수 없는 비전택시대학을 만들어 세계 최고이자 유일한 명품택시기사를 배출하는 것이다.

3장

기본이 서야
기술도 예술이 된다

TAXI

    런던에서 한국으로 돌아오는 비행시간은 11시간이 소요되었다. 그 시간 동안 세계 속의 나의 위치를 가늠해 보았다. 부족하고 부끄러운 점도 많았다. 무엇을 해야 할 것인지 다음의 목표가 선명해졌다.

    일본 MK택시와 런던의 블랙캡은 동서양을 대표하는 자타공인 택시분야의 최고봉이었다. 둘은 문화적인 차이로 인해 차이점도 극명했지만 공통점도 많았다. 택시기사라는 직업에 대한 자긍심을 가지고 자신이 하는 일의 전문성을 키우기 위해 끊임없이 정진하는 모습은 감동적이었다. 내가 배울 부분은 세부적인 택시영업 스킬이 아니라, 그들의 마인드와 직업관이었다. 가장 어려운 부분이지만 직업에 임하는 마음과 태도, 자세가 바탕이 되고 선행되어야 혁신도 이루어진다고 생각했다.

직업관의 함양을 위한 진지한 성찰을 해보기로 했다. 단점만 존재하는 직업도 없고 장점만 있는 직업도 없다. 어떤 직업이든지 애로점이 있고 보람도 있다. 하지만 단점은 쉽게 잘 보이지만 장점은 잘 드러나지 않는다. 그것을 찾아내는 것은 결국 그 일을 하는 사람들이다. 단점만 보고 일하는 사람은 일상이 지옥이고, 장점만 보고 일하는 사람은 일상이 천국이다. 택시운전은 많은 단점이 존재한다. 하지만 어떤 직업과 비교해도 택시운전만의 장점은 반드시 존재한다.

택시운전은 첫째, 자유로움이 있다. 택시의 핸들을 오른쪽으로 돌리면 오른쪽의 세상이 펼쳐진다. 택시기사는 1인 기업이나 다름없다. 택시를 끌고 밖으로 나오면 그때부터는 자신만의 세상을 유영할 수 있다. 버스나 지하철 같이 고정노선으로 일정 시간에 가야 할 의무가 없다. 그래서 누군가가 몇 배의 보수를 보장해 준다고 해도 회사나 사람에 속박 당하는 것이라면 나는 단호히 거부한다.

둘째, 택시운전의 수입은 정직하다. 수입이 적고 많음을 의미하는 것이 아니라, 뛴 만큼 벌 수 있다는 것이다. 영업을 마치고 돈을 셀 필요가 없다. 그날의 주행거리가 바로 수입이다.

셋째, 많은 스승을 만날 수 있다. 택시에는 교수, 의사, 판사, 정치인, 연예인, 치매노인, 노숙자까지 다양한 사람들이 탄다. 택시기사가 아니었으면 어쩌면 만나지 못했을 사람들이다. 그들이 들려주는 자신만의 체험담이나 노하우는 인터넷이나 책에 없는 내용들이다. 정보력의 가치가 충분하다. 그들이 세상을 알려주는 스승이다.

어차피 할 일이라면 단점을 보면서 절망하기보다는 장점을 생각하면 일이 즐겁다. 인생이 즐겁다.

어떤 직업을 택하든 가장 중요한 점은 자신의 직업에 최고의 가치와 의미를 부여하는 것이다. 택시운전이 목구멍이 포도청이라서, 배운 것이 운전밖에 없어서 마지못해 하는 직업이라면 자신이 얼마나 비참한가? 새벽에 출근하는 길은 도살장에 끌려가는 기분일 것이다.

택시운전은 과연 어떤 일인가? 잠시만 방심해도 대형 교통사고를 유발해 소중한 인명을 손상할 수 있기에 택시운전은 소중한 생명을 다루는 거룩한 일이다. 또 택시문화가 고양되면 국가브랜드 가치가 올라간다. K팝이나 드라마, 영화 등이 그 역할을 한다. 자동차 수천 대를 수출하는 것보다 파급력이 크다는 연구 결과도 있다. 택시운전 역시 산업 전체에 큰 영향을 준다. 공항, 호텔, 백화점, 면세점 등은 서비스에서 일정 수준에 올라와 있다. 그런데 택시에서 당하는 횡포는 이런 모든 긍정적인 부분을 희석시키기에 충분하다. 향후 대한민국의 성장동력은 서비스업과 관광업이다. 그 중에서 택시의 역할은 막중하다. 직업은 생물과도 같다. 직업에 최대의 찬사를 보낸다면 그 직업이 감동하여 우리에게 선물을 준다. 그 선물은 꿈이다. 현실에 불만족한 사람에게 꿈은 없다.

MK택시와 블랙캡을 따라잡고 추월하려면 어떻게 해야 할까? 내가 내린 결론은 우선 기본에 충실하는 것이다. 더 멀고 높은 목표를 향해 기본을 다시 다지기로 했다. 택시기사의 기본 중의 기본은 일단 운전을 잘해야 한다. 그럼 운전을 잘한다는 것은 무엇인가? 과속하고 끼어들기 잘하는 것은 운전의 하수이다. 그래서 택시기사들은 제일 운전을 못하는 직종이기도 하다. 가장 잘하는 운전은 이율배반적이지만 안전하면서도 빠르고 편하게 하는 것이다. 기본을 무시하거나 자만하면 바로 사고와 직결된다. 그래서 기본은 항상 그 업을 유지하는 내내 고민하고 연마할 필요가 있다.

영국에서 귀국하자마자 경북 상주에 있는 교통안전공단에서 운영하는 안전운전체험센터를 찾았다.

"어떻게 오셨는지요? 혹시 직업이 운전과 관계있나요?"

"서울에서 택시만 십수 년째 하고 있는 개인택시 기사입니다. 안전운전에 대한 이론 강의와 실습, 평가 및 진단, 개인별 운전 패턴에 따른 사고 예방에 대한 처방이 가능하다고 해서 왔습니다."

센터가 개소한 이래로 택시, 버스, 화물을 포함해 자발적으로 비용을 부담하고 온 최초 및 유일의 사례라고 했다. MK택시 연수와 블랙캡 견학을 포함해 내가 택시기사라는 타이틀을 가지고 하는 일은 거의 대부분이 최초이고 유일한 것이었다.

이론적인 속도와 중량, 마찰계수에 따른 감속거리 등은 설명을 해줘도 나라는 인간은 도무지 실감이 나지 않았다. 직접 차량에 올라 핸들을 조작하고 브레이크를 밟는 발바닥의 압력, 타이어가 타는 냄새와 진동, 소리, 실제 도로의 스키드 마크의 패턴, 급정거 이후의 정지거리를 줄자로 재보고 다시 속도의 변화를 주어 시속 80km, 100km, 120km에서의 변화를 온몸으로 겪어 보고서야 과속이 얼마나 위험한지 알 수 있었다. 한마디로 학습능력이 뒤떨어지는 저성능 인간인 것이다. 그러한 실습이 여기서는 가능했다.

교통사고로 인한 인명의 손상은 나 혼자만이 아닌 가족과 피해자, 국가에 치명적이고 회복되지 않는 상처를 준다. 딸의 부재로 인한 그 상실감을 너무나 잘 알기에 안전은 그 무엇보다 중요했다. 그래도 인간인지라 간혹 안전의 중요성을 망각하기도 한다. 그럴 때는 다시 이곳을 반복적으로 찾을 것이다.

나만 안전운전을 한다고 되는 것이 아니다. 사고는 예기치 않게 발생한다. 혼자만의 안전추구는 소극적인 개념이다. 나는 이를 적극적인 안전으로 확대했다.

고령사회를 거쳐 초고령사회로 가고 있는 대한민국에서 심장마비는 결코 무시할 수 없는 사고이다. 만약 내 차에 탄 승객이 심장마비가 걸리면 어떻게 할까? 119 평균 출동시간은 7분 30초, 뇌사는 2분 이후부터 진행된다. 그래도 119에 전화를 하고 기다리는 것이 의무를 다했다고 할 수 있을 것인가? 거대한 배가 침몰하고 있는데, 선장과 선원은 매뉴얼대로 신고만 하고 구조대가 오기만을 기다리는 것이 과연 타당한 일인가? 그런 의문에서 시작해 심폐소생술과 응급처치 교육을 이수했다. 그 중에도 최대의 효과를 발휘하는 심장제세동기(AED)와 응급처치키트를 택시에 구비하고 작동법도 숙지했다.

모두가 바쁘게 살아가는 스마트한 시대에 맞춰 택시 안에서 업무를 볼 수 있도록 항공기 스타일의 모니터를 조수석 헤드레스트에 장착했다. 각종 USB의 연결은 물론이거니와 컴퓨터와의 연결도 가능하다. 그리고 에그(egg)를 설치해 인터넷도 무료로 사용할 수 있는 Wi-Fi Free 택시가 되었다. 내 택시는 여러 개의 보조배터리와 모든 젠더를 구비해 모든 휴대폰과 IT제품의 쾌속 충전 서비스가 가능하다.

또 고객 설문조사를 통해 택시 내 불쾌한 냄새가 특히 여성고객들에게 불편을 준다는 것을 알게 되었다. 라디오 방송을 듣다 힌트를 얻었다. 라디오에서 흘러나오는 목소리는 새벽, 아침, 오전, 오후, 저녁, 심야 진행자별로 톤이나 음색이 다르다. 음악도 다르다.

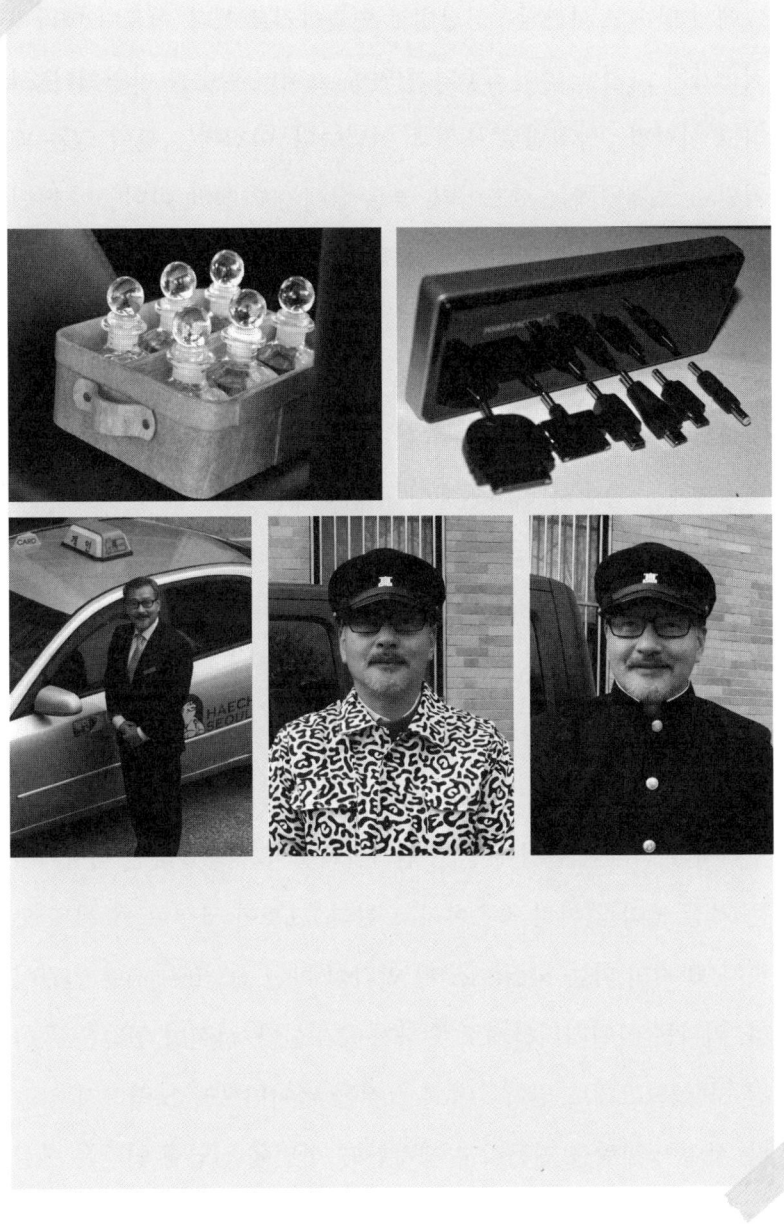

그래서 향수도 시간별·상황별로 연출하기로 했다. 아로마 테라피 전문가의 조언을 얻어 6종의 천연향 소재의 향수를 마련했다. 그리고 시간별·상황별로 뚜껑을 여닫는다. 아침에는 활력 있는 페퍼민트, 초저녁에는 로즈마리, 늦은 밤에는 라벤더, 아이들이 타면 동심을 자극한다는 만다린, 부부나 연인이 타면 일랑일랑의 뚜껑을 연다. 그중 내가 좋아하는 향은 동기를 부여한다는 벨가못이다.

세차 후에는 항균 스프레이를 승객과 차량이 접촉하는 부분에 뿌리고, VVIP 고객을 위해서는 레드카펫을 깔아준다. 내 택시의 트렁크에는 특별히 디자인해서 주문제작한 2m짜리 레드카펫 두 장이 있다. 보도가 짧으면 한 장, 길면 두 장을 연결해 4m의 레드카펫 길을 만든다. 승객이 레드카펫을 밟으며 택시에 오를 때 문을 열어주고 닫는다. 또 평상시의 정장에서 운전 복장에 변화를 줘 교복과 교련복을 입기도 한다.

택시의 척박한 현실에 곧 무인자율자동차가 등장하면 택시기사는 가장 빨리 없어질 직종이라고 한다. 그것이 사실이 될 지도 모른다. 하지만 나는 사실(Fact)형 인간이 아닌 신념(belief)형 인간이다. 역사는 아이러니하게도 후자가 주도한다. 사실형 인간은 주어진 사실을 그대로 받아들이고 그것을 뛰어넘으려 노력하지 않는다. 사실이 사람을 만든다고 생각한다. 반면에 신념형 인간은 사실에 대해 어떤 믿음을 갖고 있는지, 그 사실에 대해 어떤 의미를 부여하는지에 따라 전혀 다른 신념이 생긴다. 사람은 이처럼 사실을 받아들여 어떻게 해석하고 의미를 부여하는지에 따라 전혀 다르게 바뀔 수 있다. 세상은 사실 그 자체가 바꾸지 않고 사실에 대해 어떤 신념을 갖고 있는지가 바꾸는 것이다.

 각 분야의 1등은 누구나, 어느 기업이나 따라한다. 그 과정도 어렵지 않다. 하지만 영원히 2, 3인자에 머물 것이다. 결국 장점은 살리고, 나만의 서비스를 개발하여 1등을 넘어서고 싶었다.

 처음에는 일본식과 영국식 택시 서비스를 그대로 모방해 보았다. 오죽했으면 런던의 택시기사 피터의 수염까지 따라 길렀을까? 하지만 기본기를 잘 닦지 않고 응용기술을 많이 배우면 한순간에 무너질 수 있다. 택시기사의 기본기 연마는 필살기가 될 수 있다. 기본 위에 얹혀진 기술이어야 많은 사람들에게 감동을 줄 수 있는 예술적 경지로 승화될 수 있다. 모든 예술은 기본기를 닦으면서 연마한 기술이 보여주는 아름다움이다.

4장

미치지 않으면
미칠 수 없다

특별한 택시 승객을 모실 때를 대비해 레드카펫을 준비했다. 또 승객이 택시에 오를 때는 문도 열어주고 닫아준다. 이를 보고 주위에서 너무 과한 것이 아니냐고 했다. 하지만 신경쓰지 않았다. 오히려 문을 열고 닫는 연습도 수천 번이나 했다. 왜냐하면 고객의 불편 없이 부드럽게, 한 번에 문을 닫아야 하기 때문이다. 일단 택시 문의 연결고리에 윤활제(구리스)를 수시로 발라 부드럽게 만들었다. 모든 유리창이 닫혀 있으면 차내 압력으로 문이 잘 닫히지 않으며, 모든 유리창을 열어두면 문이 세게 닫힌다. 뒷문 상석의 반대편인 운전석 쪽 유리 창문만 5cm 정도 열어두는 것이 가장 효과적이라는 것을 알아냈다.

모두 나에게 넘치면 모자란 것과 다름없다는 과유불급(過猶不及)이라고 했다. 인정한다. 하지만 '과유불급'이라는 사자성어는 모든 분야에 적용될 수 없다고 생각한다. 적당히 눈치보고 중간만 가려 하다 중간도 못 갔던 경험이 있다. 나는 내 택시운전의 깊이에 있어서는 예리하게 벼리고 싶었다. 더 이상 쪼개지지 않을 정도로 잘게 썰어서 택시운전의 원자, 원소, 분자까지 확인하고 싶었다. 나는 프로가 되고 싶었다. 프로는 전문가이고, 전문가는 남이 보지 못하는 디테일을 갖춘 사람이라는 개똥철학을 가지고 있었기 때문이다.

어떤 산업을 막론하고 최대 호황기가 있다. 택시는 1970년대와 80년대가 그랬다. 아직도 내 귀에 선명하게 들린다. 아버지, 삼촌들이 '따따블(4배)'을 외쳐도 택시 잡기가 하늘의 별따기처럼 어려웠던 시절이었다. 택시 한 대에는 합승으로 만석이었다. 그것을 승객들은 당연하게 여겼다. 택시뿐만이 아니라 대한민국 전 산업이 호황기였을 때가 있었다. 대학생들은 졸업도 하기 전에 취업이 결정되었다. 하지만 호황기를 지나면 반드시 쇠퇴기를 맞는다. 지금은 택시 승객이 없다고 난리다. 대한민국 경기는 앞으로 고도성장이 불가능하다고 한다. 여기저기서 힘들다고 한다. 내가 호황기에 택시를 운전했다면 그런 과도한 서비스를 준비하지 않았을 것이다. 거리에 택시를 타려는 손님들로 넘쳐나는데 무슨 걱정이 있겠는가? 지금은 절박하다. 위기다. 절박한 위기일수록 언젠가 맞이할 기회를 잡기 위해 준비에 만전을 기해야 한다. 세상에 어느 날 갑자기 뭔가를 성취한 사람은 아무도 없다.

우리나라 택시는 감기 정도가 아닌 중병에 시름하고 있다. 특단의 조치가 없다면 회생이 불가능하다. 상상할 수 있는, 시도할 수 있는 모든 처방이 필요하다. 그래도 변화가 없다면 그것은 내 탓이 아니니 최소한 미련이나 후회는 없다. 나는 다시는 후회로 점철된 인생을 살고 싶지 않았다. 한 술 더 떠서 역사적 산업의 거대한 수레바퀴에 깔리는 한이 있더라도 그 바퀴를 되돌리려 맞장을 뜰 것이다. 왜냐하면 33세부터 55세의 현재까지 22년이라는 청춘을 바치고 열정을 불살랐던 택시가 역사의 뒤안길로 사라진다면 너무 억울해서 미치거나 죽을 것 같기 때문이다. 그만큼 나는 내 직업을 사랑한다.

솔직히 처음부터 한눈에 반해 사랑에 빠진 것은 아니었다. 택시와 택시운전을 지지고 볶고 하다 보니 정이 들었고, 그 정은 사랑으로 발전했다. 예전에는 부모의 강압으로 얼굴 한 번 못 보고 결혼하는 일도 많았다. 그런데 배우자가 절세의 미인이라면 좋겠지만 박색이라도 할 수 없이 부부의 관계를 이어간다. 그리고 아이를 낳고 부부싸움도 하면서 서서히 정이 들고 사랑으로 발전해서 지금은 부인이 세상에서 가장 예쁘고 아름다운 여자로 보이는 것과 같은 이치다.

　모든 문제는 사회구조가 만들어 내지만 사회구조를 악화시키는 장본인은 인간이다. 누가 누구를 탓하랴. 사회만 탓한들 내 인생이 바뀌지 않는다. 나만 탓한들 하루아침에 사회가 바뀌지 않는다. 사회를 바꿀 희망의 연대를 만들어 나갈 때 나도 사회도 바뀐다. 그래서 나는 뜻을 같이할 사람을 만나 함께 세상을 바꿀 연대를 만들고 싶었다. 내가 비전택시대학을 시도하려는 이유다.

　권투선수가 있다. 14회까지 점수로 크게 뒤져 있다. 마지막 15회. 판정으로 지기보다는 나라면 죽기 살기로 상대에 대들어 KO패를 당하더라도 미련이나 후회가 없는 경기를 하고 싶다. 판정으로 지는 것은 수치이기 때문이다. 축구도 무승부면 예선 탈락한다. 그런데 지고 있다. 그대로 지기보다는 골키퍼까지 공격에 가담하는 결단을 보여야 한다고 생각한다. 골문이 비어서 100대 0으로 지더라도 누가 그 골키퍼를 비난할 것인가? 내일 당장 내가 병으로 죽는다면 한 그루의 사과나무을 심기보다는 병 치료에 도움이 된다면 '개똥'이라도 먹을 것이다. 현재 택시의 현실도 이 정도로 산소호흡기를 통해 간신히 연명하고 있는 중이다. 그래서 과유불급이 내 입장에서는 거북한 것이다.

　레드카펫 이상의 그 할아비라도 나는 시도할 것이다. 시도하지 않는 사람은 불평불만을 할 자격이 없다. 뭔가를 시도하면서 안 되는 일을 되게 해달라고 부탁할 수는 있다. 하지만 미동도 하지 않고 앉아서 생각만 하는 사람에게 세상은 아무런 대책도 주지 않는다. 모든 변화는 책상에서 일어나지 않는다. 보잘 것 없는 생각이라도 나가서 몸으로 움직이는 실천가가 만들어 간다. 비록 택시기사로 세상을 살아가고 있지만 나는 내 분야에서 내가 할 수 있는 모든 것을 해보려고 노력한다. 그것만이 내가 세상을 바꿀 수 있는 길이라고 생각하기 때문이다.

　나는 그래서 과유불급 대신에 '미쳐야 미친다'는 불광불급(不狂不及)이라는 말을 더 좋아한다. 내 인생에 있어서, 내 직업에 있어서 한 번은 제대로 미치고 싶었다. 남들이 그만하면 됐다고 했을 때, 내가 만족하다고 느꼈을 때조차도 부족하다 여기고 한 걸음 더 나아가고 싶었다. 그곳엔 분명 내가 경험해 보지 못한 다른 세상이 펼쳐져 있을 것이기 때문이다. 실제로 나는 오래 전부터 '미친놈' 소리를 많이 들었다. 더 미치고 싶다. 어차피 한 번뿐인 인생인데!

　세상은 한 분야에 미친 사람이 바꿔 나간다. 가장 행복한 사람은 자기가 좋아하는 일에 미칠 때, 몰입하고 열정적으로 추진하는 사람이다. 미치지 않고서는 경지에 이를 수 없다. 세상은 호락호락하지 않다. 대충대충 해서 위업을 달성한 사람은 없다. 누가 뭐라고 해도 옳다고 믿는 신념에 따라 불굴의 의지를 갖고 열정적으로 몰입하는 사람은 옆에서 봐도 너무 멋진 사람이다. 내가 가장 사랑하는 사람은 자기 일에 미친 사람이다. 시류에 흔들리지 않고 꿋꿋하게 자기 길을 걸어가는 사람, 자기 일에 열정적으로 몰입해서 작품을 만들어 내는 사람이 가장 아름다운 사람이다.

많은 직장인들이 이직이나 전직을 준비하면서 사직서를 책상 서랍이나 양복 안주머니에 넣고 다닌다고 한다. 그리고 실제로 사직서를 제출하기도 한다. 그런데 그 전에 유종의 미를 거둔다는 차원에서 한 번은 미친 듯이 일할 필요가 있다고 생각한다. 회사의 비전이 없어서, 능력을 인정해 주는 상사가 없어서, 월급이 적어서, 일이 적성에 맞지 않아서, 리더가 리더십이 없어서, 더 이상 배울 것이 없어서 등등의 이유로 이직이나 전직을 고려할 것이다. 하지만 세상에 유토피아 직장은 없다. 직장은 내가 먹고 살 수 있는 월급을 받으면서 내가 배울 수 있는 배움의 터전이다. 세상 어디에도 내 맘에 쏙 드는 직장 낙원은 없다.

있는 그 자리에서 온몸을 던져 보자. 거기서 배운 경험은 그 어디에서도 배울 수 없다. 마지막 불꽃을 살려서 1년 정도 일하면 아마도 모든 문제들이 눈 녹듯이 해결될 수 있을 것이다. 그래도 변화가 없다면 그때 이직이나 전직을 해도 늦지 않을 것이다. 같은 상태로 일한다면 다음 직장도 현 직장과 별반 다르지 않을 것이다. 메뚜기의 사고방식으로 다른 풀밭으로 뛰어 봤자 메뚜기는 메뚜기일 뿐이다.

가슴에 손을 얹고 생각해 보자. 나는 과연 내 일에 미치도록 몰입해 본 적이 언제인지. 물론 몰입을 방해하는 수많은 환경적 요소가 많을 것이다. 동료가 경쟁의식을 느끼며 나를 왕따시킬 수도 있다. 월급이 적어 일할 의욕을 떨어뜨리고 복리후생제도가 타사에 비해 현격하게 마음에 들지 않아 사기를 북돋우지 못하기도 한다. 수많은 핑계거리가 산재한다. 문제의 원인이 주로 밖에 있고 잘못의 진원지도 밖에서 찾는다. 이런 경우 내 삶은 변할 가능성이 없다. 불평불만과 자괴감만 늘어날 뿐이다. 내 삶에서 위대한 성취는 아니더라도 작은 성취감을 맛보기 위해서는 다른 사람의 평가기준으로 판단하는 성과라는 결과에 매몰될 필요가 없다.

누가 뭐라 해도 내가 좋아하는 일에 열정적으로 몰입해서 미치도록 자신을 던져보는 것이다. 그래도 되지 않는다면 내가 갈 길이 아니다. 내가 가야 될 길인지 아닌지는 머리가 알 수 없다. 몸이 반응할 뿐이다. 몰입과 열정, 우리 모두가 사랑해야 할 단어다. 그것이 내 삶을 바꾼다.

5장

자세를 낮추면
모두가 스승이다

TAXI

　사람들은 건강이나 체력을 유지하기 위해 주기적으로 영양제를 먹거나 운동을 한다. 마인드나 멘탈은 더 주기적으로 주사를 맞아야 한다. 간사한 것은 몸이 아닌 정신과 마음이기 때문이다. 굳건한 정신과 마음도 수시로 느슨해진다. 그래서 나는 스승들을 찾아 나서서 주사를 맞곤 한다. 스승은 도처에 널려 있다.

　택시와 관련한 뉴스는 대부분 부정적인 내용들이다. 강력사건에 택시기사가 연루되기도 한다. TV뉴스에 방영되기라도 하면 나는 얼른 채널을 돌린다. 가족들에게 창피했다. 가족들도 상처를 받을 것이 뻔했다. 이런 날은 특히 저녁이나 심야시간에 택시 승객도 급

감한다. 연인을 택시에 태워주는 남성은 내 택시를 가로막고 휴대폰으로 내 택시의 차량번호와 함께 내 얼굴까지 카메라에 담는다. 아무 사고 없이 안전하게 목적지까지 데려다 달라는 무언의 항변인 것이다. 사진을 찍히는, 잠재적인 범죄자로 의심받는 내 입장은 비참해진다. 미꾸라지 한 마리가 강물을 흐려놓았기 때문이다.

그런데 우연히 택시기사의 미담이 실린 지역신문을 보게 되었다. 주인공은 포항에서 개인택시를 운전하는 기사님이었다. 현금 9,000만원이 들어 있는 가방을 지체 없이 돌려준 분이다. 너무나 고맙고 그분의 직업관을 듣고 싶어 무작정 포항으로 향했다. 포항에 도착해 지나는 택시마다 그 기사님을 물어보았지만 모른다고 했다. 포항시도 작은 도시가 아니었기에 '서울에서 김 서방 찾기'와 마찬가지였지만 포기하지 않았다. 그렇게 시간을 보내다 극적으로 기사님과 연락이 되었다. 일흔을 넘기신 택시운전 선배님이셨다.

"돈을 발견한 순간 잃어버린 사람이 얼마나 안타깝게 찾고 있을까만 생각났지. 착한 일은 복을 받고 악한 일은 벌을 받는다고 믿기에 바로 경찰서에 신고했어. 뭐 하러 그걸 물어보려고 서울에서 여기까지 왔어?"

나는 준비해간 음료수 박스와 현금이 든 봉투를 선물로 드리고 서울로 돌아왔다. 이런 미담의 주인공들이 있기에 앞으로 20년 동안 내 택시의 수입은 봉투에 드린 현금 10배 이상으로 늘어날 것이어서 아까운 마음은 전혀 없었다. CCTV도 없는 한적한 도로에 떨어진 가방이었기에 나쁜 생각이 들 수도 있었겠지만 기사님은 그 유혹에 넘어가지 않고 바로 신고를 했다. 과연 나라면 그럴 수 있었을까? 내가 선행을 베푼 것이 아니지만, 같은 택시기사인 내 자신이 기쁨으로 충만했다.

버스 기사의 기발한 멘트나 전철 기관사의 퇴근 때의 인사를 듣기 위해 일부러 버스나 전철을 골라 타기도 했다. 편의점 점원이 활기차고 밝은 인상이면 인터뷰를 했다. 대형마트 직원도 마찬가지다. 화장품 코너의 점원이 너무나 밝고 친절했다. 화장품은 보통 계산대 앞까지 점원이 동행한다. 그런데 이 점원은 계산대를 지나 한 걸음 더 나와서 정중하게 인사를 했다. 인터뷰를 하고 친절사원으로 추천을 했다. 며칠 뒤 그 사원은 제주도 포상휴가를 갔고 이후 다른 인근 점포의 직원들도 모두 그 사원을 따라하고 있었다. 안동병원은 왜 환자가 몰리는지, 홍대의 이자카야 테펜은 왜 그리 손님이 많은지 궁금해서 방문해 보기도 했다. 인사 방법이 독특해 다시 인사를 해달라고 요청했더니 내 요구를 들어주었다. 고객이 건배를 하면 직원들이 모두 건배에 동참한다. 나는 이런 사람들과 이야기 나누기를 즐긴다. 교과서적이지만 자신의 일에 큰 가치를 부여하고 감사하며 만족한다는 공통점들이 있었다.

종로에서 식사를 하고 있었다. 망개떡과 아이스크림을 파는 행상이 들어왔다. 밝게 인사하며 영업을 하고 싫은 소리나 욕을 먹어도 내색하지 않고 열심히 일했다. 마지막에 문을 나설 때 "여러분 오늘도 즐거운 하루 되세요" 하면서 꾸벅 인사를 한다. 가게를 나가서도 지나는 행인에게 인사를 건네는 그 행상이 인상적이었다. 아내가 휴가를 받았다. 때마침 장마철이라 어디에 가는 것도 그렇고 내가 제안을 했다.

"여보 우리 종로에 가서 행상하는 분을 따라다녀 보자."

아내와 함께 3일을 따라다녔다.

"행상을 하는 것이 뭐가 그리 즐겁죠? 행상하는 것이 부끄럽지 않은가요?"

"저는 이 일이 재밌어요. 행상은 생각하기 나름이죠. 이 행상이 어때서요. 저는 감사한데요."

행상을 하며 삶을 이어갈 수 있다는 사실 자체만으로도 삶의 기적이라고 믿는 사람과 행상은 어쩔 수 없는 중노동이라고 생각하는 사람 간에는 엄청난 차이가 존재한다.

기관실 기사로 일했던 그는 아내가 뇌출혈로 쓰러지자 직장에 사표를 내고 행상을 시작하면서 틈나는 대로 아내 곁에서 간호를 했다고 한다. 처음에는 행상이 창피하고 욕을 먹으면 우울해서 일도 나가지 못했다고 했다. 망개떡은 썩고 아이스크림은 녹아내리고 아내는 차도가 없었다고 했다. 그래서 다음 날부터는 누가 뭐라 해도, 욕을 해도 즐겁게 웃으면서 활기차게 일하기 시작했다. 가게의 손님들도 그 행상 덕분에 더 유쾌했다고 한다. 보통 잡상인이나 행상의 출입을 업주는 달가워 하지 않는다. 보통의 행상은 초콜릿이나 껌을 들고 사주기를 거의 강요하지만 그는 달랐다. 이제는 업주가 오히려 그에게 가게에 들어와 달라고 요청한다고 했다. 그러다 보니 그는 저녁 8시부터 4시간 만에 망개떡과 아이스크림을 몽땅 팔 수 있었다. 행상이 끝나면 아내가 있는 집으로 달려가는 그를 보면서 그가 진정한 거리의 영웅이라고 생각했다. 나는 그 이후로 택시운전이 힘들고 짜증나면 그를 만나러 일부러 종로로 가곤 한다. 그가 나의 스승이다.

또 나에게는 고정적으로 만나는 스승이 있다. 한양대 유영만 교수님은 나에게 최초로 '총장님'이라는 호칭을 붙여주었다. 유명 대학교수가 당신보다 나이도 적은 택시기사에게 '총장님'이라고 호칭하기는 쉽지 않다. 일이 잘 풀리지 않거나 가슴이 답답할 때 교수님의 연구실에 방문하면 책도 선물해 주고 친형님처럼 많은 위로와 조언을 해준다. 매일 읽어야 할 책과 영화도 추천해 주고 교수님이 쓴 칼럼이나 출판 전 원고도 나에게 도움이 될 만한 부분을 발췌해 보내준다. 말이 아닌 행동으로 보여주는 분이기도 하다. 운동도 열심히 하라면서 당신의 운동하는 모습도 동영상이나 사진으로 보내준다. 이런 것들이 나에게는 엄청난 자극이 되었다. 마치 일대일로 도제식 수업을 받는 느낌이었다. 교수님과의 만남은 내 인생의 축복이고 행운이었다.

권현옥 교수님은 택시운전을 하며 사이버대학에서 공부하는 것이 힘들 것 같다며 나를 조교로 임용해 주고 따로 용돈까지 준 분이다. 당신이 받는 급여 통장을 조교인 나에게 맡기고 어려운 환경에서 공부하는 학생들의 장학금으로 사용하도록 한 분이다. 나에게 사랑의 정신을 몸으로 알려준 고마운 분이다.

㈜예라고의 허은아 박사님은 친절 강대국, 매너와 에티켓 강국을 만드는데 택시가 차지하는 비중을 깨닫게 해주고 미래 택시의 이미지 개선전략에 대해 조언을 아끼지 않는 분이다.

꿈PD 채인영 박사님은 신경정신과 전문의이기도 한데, 내 꿈의 실현과 사회적 반향과 영향력에 대한 가치를 깨닫게 해주었다.

"정태성 씨, 당신의 노력과 빛나는 성공을 숨기지만 말고 널리 알려주세요. 그래야 희망이 있는 사회니까요. 당신처럼 피나는 노력을 했는데, 아무 변화가 없다면 절망적인 사회입니다. 더 성공하세요."

이에 용기를 얻어 쑥스럽고 부끄럽지만, 대단하지도 않은 나의 작은 세속적 성공을 외부에 알릴 수 있었음을 고백한다.

그리고 내 택시를 이용하며 조언을 아끼지 않은 수많은 스승들이 있었기에 오늘의 내가 있었다.

　자세를 낮추고 주변을 보면 나에게 배움을 줄 수 있는 사람과 사물들이 널려 있다. 세상은 내가 마음만 먹으면 배울 수 있는 학교다. 우리가 어렸을 적부터 다니는 공식적인 학교만 학교가 아니다. 사실 우리가 다닌 학교보다 더 많은 배움을 주는 곳은 인생학교다. 인생을 살면서 만난 사람, 내 주변에 널려 있는 수많은 사물과 현상, 그리고 자연의 모든 생명체의 저마다 살아가는 방식에서 우리는 많은 것을 배울 수 있다.

　특히 사람이 사람을 만나 전해주는 소중한 깨달음은 그 어디에서도 배울 수 없는 소중한 교훈을 전해주는 스승이다. 나는 그래서 모든 사람을 만날 때마다 자세를 낮추고 그 사람에게 배울 수 있는 점이 무엇인지를 생각한다. 나와 맞지 않는 사람이라고 선입견을 갖고 편견으로 바라보기 이전에 그럼에도 불구하고 내가 배울 수 있는 게 무엇인지를 주목하며 그 사람을 만나다 보면 엄청난 삶의 교훈을 배울 수 있다. 세상은 나에게 깨달음을 전해주는 스승천국이다.

엄니에게 드리는 편지

교통사고가 나지 않았을까? 험한 택시 승객에게 두들겨 맞지나 않았을까? 택시운전으로 몸이 상하지나 않았을까? 자나 깨나 근심하며 아들을 위해 기도하는 택시기사의 엄니.

아들이 회사택시 기사 1년 차에 엄니는 환갑을 맞았다. 그날도 아들은 택시미터기를 찍기 위해 엄니에게 가지 못했다. 허름한 식당에서 엄니는 이모와 며느리와 함께 설렁탕을 먹었다. 아들이 둘이나 있었지만 장남은 너무 잘나서 미국의 교수로 있기에 못 왔고, 차남이자 막내는 너무 못나서 택시운전을 하면서 빚을 갚고 있었다. 엄니에게는 잘나지도 못나지도 않은 아들이 없었다.

삼부자가 모이는 날은 몇 년에 한 번 있었다. 엄니는 한 밥상에 모인 삼부자를 보면서 흐뭇해 했다.

"여기 장군과 박사와 우리 기사님이 함께 모였네."

아버지는 육사 출신 예비역 장군이었고 형은 미국의 교수 겸 박사였지만 나는 택시기사였다. 아버지와 형에게는 '님' 자의 호칭을 생략했지만 막내인 나에게는 '우리 기사님'이라고 불러 주었다.

"너 하나만 번듯한 직업을 가졌다면 우리 집안도 명문가가 되었을 텐데, 왜 하필 많고 많은 직업 중에서 집안 먹칠하려고 택시기사냐?"

했을 법 한데도 엄니는 그 이후로도 항상 나를 '우리 기사님'으로 불러 주었다. 만약에 엄니가 막내아들인 나를 부끄러워 하거나 아들의 직업을 창피하게 생각했다면 그 혹독한 택시운전을 중도에 포기했을지도 모른다. '우리 기사님'이라는 어머니의 호칭은 실로 위대한 힘을 발휘해 현재의 내가 될 수 있었다.

가장 가까운 사회적 관계인 가족에게 우리는 오히려 가혹한 말로 상처를 주기도 하죠. 그 상처는 다른 관계에서 받는 것보다 더 아플 것 같아요. 반대로 가족의 사랑과 애정 표현은 험난한 사회를 살아가는 우리들에게 더 큰 위안을 줍니다. 어머니는 아들의 직업을 존경해 주셨어요. 엄니, 감사합니다. 제가 엄니에게 받았듯이, 엄니의 손자이자 제 아들이 성장해서 어떤 직업을 갖게 된다면 그 일에 최대의 존경을 담아서 표현해 주겠습니다.

엄니, 건강하고 오래 사세요. 그래야 아들이 못다 한 효도를 할 수 있으니까요.

택시기사 아들이

4막
나답지 않으면
나의 답을 찾을 수 없다

신발을 정리하는 일을 맡았다면, 세상에서 신발 정리를 가장 잘하는 사람이 돼라.
그러면 세상은 당신을 신발 정리만 하는 심부름꾼으로 놔두지 않을 것이다. — 고바야시 이치조

진짜 성공은 무엇인가를 성취한 결과에서 나오지 않고 성과를 만들어 가는 과정에서 느끼는 성취감에서 비롯된다. 앞만 보고 달려가 많은 것을 이루었지만 행복하지 않은 이유를 생각해 보면 알 수 있다. 결과보다 과정에 충실하며 무엇인가를 만들어 가는 사람이 그 속에서 저마다의 사연을 잉태한다. 삶은 사연에 담긴 사랑이 직조해 낸 기적이다. 자신만의 스토리로 사연을 이야기하는 사람이 다른 사람을 감동시킬 수 있다.

내 생각과 철학이 담긴 나만의 직업관이라야 다른 사람의 직업관에도 영향을 미칠 수 있다. 나다운 직업관은 나의 이야기가 담긴, 세상 어디에서도 찾아볼 수 없는 나만의 가치관이 담긴 직업철학이다. 세계 최초의 택시대학을 만들었고, 책 읽는 택시기사를 만들어 세상의 기사가 된 것도 나답게 살아가며 내 안에서 답을 찾으려는 노력에서 비롯된 것이다. 온몸으로 고뇌하는 절치부심(切齒腐心)의 삶이 위기에 빠진 내 삶의 터닝 포인트, 전화위복(轉禍爲福)의 반전을 만들어 주었다.

1장

성공은 성과가 아니라
성취감이 만든다

TAXI

　내 개인적인 이야기가 신문과 TV에 연속으로 소개되기 시작했다. 시시한 매체의 귀퉁이가 아닌, 주요 일간지 사회면 전체가 내 기사로 도배되었다. 공중파TV에서는 다큐멘터리로 제작되어 전국에 방영되었다. 물론 잡지와 라디오도 예외는 아니었다. 특별하거나 대단한 일을 해낸 것도 아닌데 신문과 방송매체에서 관심을 가지는 것이 오히려 신기했다. 말로만 들었던 매스컴의 위력은 실로 대단했다. 그때부터 일상에 급격한 변화가 생겼다. 택시기사라는 직업 때문인지는 모르겠지만 트위터나 페이스북 등의 SNS에서 친구 신청을 하면 외면하거나 아예 차단했던 사람들이 먼저 나에게 손을 내밀기 시작했다. 방송을 타자 단 하루 만에 트위터 팔로워

수가 수천 명씩 늘어났다. 비록 소수지만 택시의 승객이나 버스, 지하철, 길거리에서도 나를 알아보고 말을 걸어오는 사람이 생겼다.

"혹시, 얼마 전 TV에 나온 분 맞죠?"

찜질방에서는 아주머니들이 나를 곁눈질하며 소곤거렸다. 어떻게 연락처를 알아냈는지, 내 택시를 타보려는 사람들의 예약이 폭주했다. 간혹 모임에 나가면 사인을 요청하거나 기념사진을 찍으려고 길게 줄을 서기도 했다. 내 이야기를 토대로 책을 출간하자는 출판사의 요청도 들어왔다. 교육기관을 같이 설립해 보자는 의사타진과 의전업체의 실장으로 와달라는 스카우트 제안도 있었다.

"당신 같은 열정이라면 우리 회사에 오셔서 어떤 일을 하시던지 잘 해내실 것 같습니다. 생각하시는 연봉은 어떻게 되시나요?"

"저를 그렇게 높게 평가해 주셔서 감사하지만, 저에게는 그럴만한 능력이 없습니다. 죄송합니다."

규모가 제법 큰 지방의 택시회사에서 위탁경영을 해볼 용의가 없느냐는 문의도 왔다. 말로만 들었던 유명 그룹사 회장님이나 고위 임원진의 요청으로 미팅도 이루어졌다. 아마 TV나 신문을 보고 곧장 비서실에 지시를 내린 것 같았다. 뿐만 아니라 공무원 공채시험의 최종면접관이 되어 면접표를 가슴에 부착한 생면부지의 사람들에게 직업관에 대한 질문도 하며 점수를 매기기도 했다. 또 기업체, 관공서, 학교에서의 강연 요청이 쇄도했다. 하지만 일정이 겹쳐 반도 소화하기 힘들었다. 감당할 수 없는 빚을 짊어지고 끼니를 거르며 하루를 벌어 하루를 간신히 살아내야 했던 회사택시 기사의 처절하고 암담했던 시절에서는 감히 상상도 할 수 없었던 일이 벌어진 것이다. 한마디로 인생역전은 나를 두고 하는 말 같았다.

갑자기 바뀐 대접에 어리둥절했지만 솔직히 나쁘지는 않았다. 오히려 나는 그런 색다른 경험을 즐기기까지 했다. 돈과 명예를 한꺼번에 움켜쥔 것 같았다. 물론 유명세에 따르는 비난도 있었지만 충분히 감수할 수 있었다. '이제 유명인이 되었으니 행복하시겠다. 성공하셨다.'라는 빈정거리는 말도 자주 들었고, '딸의 죽음과 택시기사를 팔지 말라. 당신이 무늬만 택시기사이지 지금은 스타강사가 아니냐?'는 비난도 자주 들었다. 나에 대한 부정적인 평가에 해명하거나 논박하고 싶지 않았다. 입장에 따라서는 충분히 그렇게 생각할 수도 있었기 때문이다. 택시운전을 하는 그들의 열악한 노동환경을 너무도 잘 알기에, 나도 상대의 입장이라면 똑같이 생각했을 것이다. 나에 대한 비난은 오히려 나에 대한 관심이 많아지는 것으로 해석하고자 했다.

그런데 얼마 지나지 않아 가슴에는 채워지지 않는 정체불명의 헛헛함이 자리잡기 시작했다. 소화도 되지 않고 깊은 잠을 잘 수도 없었다. 그리고 한동안 없었던 가슴의 통증도 다시 도졌다. 우울증에 걸렸을지도 모른다고 생각했다. 주변의 택시기사 동료들은 이런 나를 이해하지 못했다. 배부른 소리 하고 있다고, 너무 좋은 나머지 표정 관리하는 것 아니냐고도 했다.

그러던 중 이문동의 한국외국어대학교 앞을 지나다 잠시 잊고 있었던 것을 되찾을 수 있었다. 내가 진정으로 원했던 것은 돈이나 명예가 아닌, 택시운전이라는 직업에 대한 부정적 편견과 고정관념을 깨는 것이 아니었던가? 내 택시에 타서 욕설을 하고 그 욕먹은 대가로 택시요금의 열 배가 넘는 만 원권 다섯 장을 바닥에 흩뿌리고 갔던 승객이 바로 이 장소에서 탔던 것을 기억해 냈다. 당당하지 못하고 비참하게도 그 돈을 줍고 나서 눈물을 흘리며 결심한 것이 있지 않았던가?

'명품 핸드백이나 고급 승용차에 주눅 들지 않고, 그 사람의 직업으로 평가하지 않으며, 인간의 겉모습이 아닌 인간 본연으로 평가받는 사회. 각자의 꿈과 직업이 존중받는 사회. 무슨 일을 하느냐가 아닌 그 일을 어떻게 해내느냐로 평가받는 사회. 우동 한 그릇을 끓여 내더라도 음식에 대한 철학을 가지고 그 우동을 먹을 사람을 생각해서 정성을 다하고 최선을 다하는 사람이 존중받는 사회를 만들자!'

하지만 세상은 전혀 변하지 않았다. 나 혼자만 변해서는 그런 세상이 절대로 오지 않음을 은연중에 깨달았던 것이 가슴앓이의 원인은 아니었는지? 그동안 내 주변의 동료 택시기사들을 끌어안고 함께 오지 못했던 것이 못내 아쉬웠다. 지금까지 걸어온 길보다 몇 배는 더 힘들겠지만, 나 혼자가 아닌 동료들과 손잡고 어깨동무하며 함께 걸어가지 않으면 세상을 바꾸기는커녕, 내 한 몸의 구원도 받지 못하리라는 것을 깨달았다. 진정한 행복과 성공은 '내가 간절히 원하는 것이 이루어졌을 때' 찾아오는 것이 아닐까?

진짜 성공은 성과나 결과가 말해주지 않는다. 진정한 성공은 성공하는 과정에서 온몸으로 느끼는 성취감이다. 성과가 높고 좋아도 성취감을 느끼지 못할 때 그건 진짜 성공이 아니다. 성과는 세상의 판단기준에 따라 나 아닌 다른 사람이 평가한다. 반면에 성취감은 내가 얼마나 만족하는지, 내가 얼마나 행복감을 맛보는지에 따라 결정된다. 당연히 판단기준도 남과 비교해서 이루어지지 않고 나 스스로 정한 기준에 따라 이루어진다.

성공은 남에게 보여주기 위한 꾸미기가 아니라 내가 만족하고 행복하게 살아가기 위해 나를 가꾸는 과정이다. 그동안 내가 이룬 성공은 남에게 보여주기 위해 내가 꾸민 결과가 아니다. 악조건 속에서도 결코 굴하지 않고 내가 꿈꾸는 비전을 향해 매진하는 가운데 나를 가꾸는 과정에서 일어난 부산물일 뿐이다. 나는 내가 이룬 성과보다 그 성과를 창출하는 과정에서 내가 투자한 시간과 노력, 열정과 몰입에 더 흐뭇한 만족감을 느낀다.

2장

사연을 말하는

강연이 사랑받는다

나는 본업인 택시운전 외에 강연도 한다. 엄밀하게 말하면 강의(講義)를 하는 강사(講師)가 아니라, 강연(講演)을 하는 강연가(講演家)다. 아는 것이 없기에 이론보다는 실제로 경험한 체험담에서 얻은 작은 통찰을 공유하고자 한다.

강사는 비교적 작은 규모로 청중을 모아놓고 자신의 전문 지식과 스킬을 가르치는 경우가 많다. 반면 강연은 일종의 공연이다. 강의에 비해 우선 청중 규모가 크다. 이런 경우 강의를 하듯 조용조용히 청중과 눈을 마주치면서 하다가는 더 이상 강연가로 서기 힘들 수도 있다. 강연은 강의와 다르게 청중을 사로잡는 자기만의 카리스마와 스타일이 있어야 한다. 공연을 하듯 청중을 완전히 사로잡으며 자기만의 페이스로 끌고 가야 한다. 그렇기에 강연은 강의와는 다르게 자기만의 스토리가 있어야 한다. 청중은 책상에서 배운 전달자의 지식과 스킬에 감동받는 것이 아니라 파란만장하고 우여곡절의 삶을 살아오면서 온몸으로 겪은 체험적 스토리에 감동받는다.

택시운전을 시작하면서 미래의 내가 강연가가 되리라고는 결코 상상하지 못했다. 택시운전에 열정을 가지고 남다르게 하다 보니 무대에서 마이크를 잡을 기회가 생긴 것이다. 길지 않은 인생을 살아왔지만, 한 가지 일을 독특하게 하다 보면 다음날 어떤 사람이 될지는 아무도 모른다. 강연가로의 출발은 누구보다 화려했다. 택시기사가 강연을 했다는 것이 다음 날, 중앙일보에 상당한 비중으로 보도되었으니 말이다.

과천 정부종합청사 안에서 수백 명이 나를 주시하고 있었다. 천장에는 휘황찬란한 샹들리에가 주렁주렁 매달려 있었고 바닥에는 붉은색 카펫이 깔려 있었다.

'청중 사이에 아버지와 딸도 앉아 있었다면…. 그래도 하늘에서 보고 계시죠?'

못내 아쉬웠다. 아버지와 딸은 내가 가장 힘들 때 하늘로 올라가 별이 되었기에 나에게 기쁘거나 좋은 일이 생기면 가장 먼저 생각이 난다.

사회자의 소개를 받고 무대에 올랐다. 중앙일보 임미진 기자님은 청중 사이에서 연신 노트북의 자판을 두들겼고 사진기자님은 내 좌우로 왔다갔다 하면서 연신 카메라 플래시를 터뜨리고 있었다. 가뜩이나 긴장을 하고 있었는데, 도무지 집중을 할 수가 없었다. 밤을 새워 준비한 강연 내용은 순간 하얀 백지로 변했다. 강연을 마치고 무대에서 내려올 때 내 등은 땀으로 흠뻑 젖어 있었다. 입속은 타들어가고 갈증이 났다. 내 몸 안의 모든 액체가 밖으로 빠져나온 것 같았다. 다리에 힘이 풀렸다. 순간 현기증이 나서 벽에 손을 대고 간신히 서있었다. 무슨 말을 했는지 전혀 기억이 나지 않았다. 택시운전을 할 때는 그것이 제일 힘든 일인 줄 알았지만, 더 힘든 일도 있음을 깨달았다. 대중 앞에서 강연을 한다는 것은 택시운전보다 열 배는 더 힘들었음을 고백한다. 어쩌면 내 강연을 듣는 청중은 더 힘들었을지도 모른다.

'역시 송충이는 솔잎을 먹어야 해. 택시기사가 무슨 가당치도 않은 강연이란 말인가?'

집으로 향하는 지하철에서 오늘이 처음이자 마지막 강연이라는 것을 직감할 수 있었다. 무려 90분 간 의자에 앉아 고통을 당했을 공직자들에게 미안한 마음이 들었다. 집에 도착하자 아내가 밝은 얼굴로 나를 맞이했다. 그리고 슬며시 눈치를 살피고는 조심스럽게 말을 꺼냈다.

"여보, 오늘 강연 어땠어? 잘했어?"

아내는 택시기사 남편이 다른 인생을 살 수 있다는 희망을 가졌는지도 모른다.

"글쎄, 내 체질은 아무래도 택시운전인 것 같아."

강연을 망쳤으니 앞으로 강연 요청이 들어오지도 않겠지만, 설혹 요청이 와도 그런 곤혹스런 자리에 다시는 서고 싶지 않았다. 피곤이 몰려왔다. 휴대폰 문자 메시지를 확인한 것은 저녁 식사를 마친 늦은 저녁이었다.

'감사합니다. 강사님의 진심을 보았습니다. 최고였어요.'

또 다른 문자 메시지를 열어보았다.

'청사에 근무하는 초짜 환경미화원입니다. 오늘 강의 처음이라고 들었는데, 굉장히 잘하셨습니다. 저에겐 하나의 도전이고 감동이었습니다. 노동의 신성함을 다시 깨닫고 자존감을 확신하는 아주 귀한 메시지였습니다. 꿈과 희망 그리고 열정을 키워갑니다. 항상 승리하세요.'

도저히 믿겨지지가 않아 읽고 또 읽었다. 손이 떨리고 시야가 흐려 오기 시작했다. '내 전화번호는 어떻게 아셨지? 담당자 한 분만 알고 있는데.' 문자메시지는 어쩌면 하늘에서 보낸 것인지도 모른다고 생각했다. 아들에게, 아빠에게 용기를 주기 위해서. 그렇게 생각할 정도로 형편없는 강연이었기 때문이다. 그때 문자를 보내준

고마운 두 분이 아니었다면 다시는 강연을 할 수 없었을 것이다.

그 후 나는 10년 동안 약 2,000번의 강연을 이어오고 있다. 강연이 끝나고 받는 문자에는 반드시 답장을 드린다. 청중이 보내준 문자는 노트에 따로 옮겨 소중히 간직한다. 그것이 문자를 보내준 분들에 대한 최소한의 예의라고 생각하기 때문이다.

강연이 끝나면 개인적으로 찾아와서 어떻게 하면 강사가 될 수 있는지 물어보는 사람들이 있다. 의외로 많은 사람들이 이 질문을 하고 연령층은 젊은 청년들이 많다는 특징이 있다. 취업이 쉽지 않으니까 그 대안으로 강사를 하고자 하는 것이 아닌가 하는 우려가 앞선다. 하지만 나는 강사가 아닌 강연가이기에 답변하기도 난감하다. 더구나 내 주변에는 처음부터 강사가 꿈인 사람은 없고 어떤 일을 남다르게 하다 보니 강사가 된 경우가 대부분이기 때문이다.

대중 앞에서 마이크를 잡고 무대에 선다는 화려함의 이면에는 그 이상의 치열함과 사명감이 있다는 것을 각오해야 한다고 우선 말씀드린다. 그리고 궁색한 답변이지만, 자신이 어떤 주제로 강연을 할 것인지를 정했으면 그 주제에 맞추어 자신의 삶을 천착(穿鑿)하는 것이 강사가 되는 가장 빠른 길이 아니겠냐고 역으로 동의를 구할 뿐이다.

강연은 사연으로 감동을 전하는 업이다. 사연은 그 사람이 살아오면서 겪은 산전수전(山戰水戰)의 체험적 스토리다. 삶이 없으면 강연도 없다. 그런데 주변에는 너무 일찍 강연업계에 뛰어드는 젊은이들이 많다. 자기 삶이 없이 강연 스킬로 무장하는 경우 단타를 칠 수는 있다. 소설가로 따지면 단편소설 몇 편은 가능할지 모른다. 하지만 강연가는 장편소설을 쓰는 소설가와 닮았다. 한두 편도 아니고 장편소설을 평생 쓸 수 있으려면 온몸으로 겪어온 탄탄한 삶이 있어야 한다.

인생을 먼저 배우면 강연은 저절로 인생에서 흘러나온다. 강연은 지식을 배우고 스킬로 무장해서 되지 않는다. 자신만의 삶의 스토리가 있어야 한다. 나는 강연가로 거듭나기 위해 더 치열하게 택시운전을 할 것이다. 택시운전을 하다 보면 부산물로 사연 있는 강연을 할 수 있을 것이다.

3장

—

세계 최초의 택시대학,

—

기적을 현실로 만들다

맥도널드 햄버거대학이 시드니, 뮌헨, 런던, 홍콩, 상파울루, 도쿄, 시카고 등 7개 지역에 설립되어 있다. 우리나라에도 경기도 이천에 치킨대학이 있다는 것을 알고 나는 신선한 충격을 받았다. 이 대학들이 정식으로 인가를 받고 학위를 수여받을 수 있느냐를 떠나 나에게는 뒤늦은 의문이 생기기 시작했다. 햄버거와 치킨이 나를 각성하는 촉매가 된 것이다.

항공대학, 해양대학, 철도대학에서 이름이 바뀐 한국교통대학교는 누구나 이미 존재를 알고 있었고 필요성을 의심하지 않는다. 저마다의 전문성을 살리는 특이한 대학이다.

'파일럿, 항해사, 기관사는 전문적인 교육이 필요하고, 같은 운수

종사자인 택시기사에게 필요한 택시대학은 왜 없단 말인가?'

다른 대학은 다 있는데 왜 택시대학은 없을까? 물론 아무나 던질 수 있는 질문은 아니다. 택시기사를 하는데 무슨 대학이 필요하냐는 비아냥부터 시작될 수 있기 때문이다.

하지만 나는 그런 세상에 의문을 품고 질문을 던졌다. 택시기사라면 반드시 해야 될 당위적 질문이라고 생각했다. 오히려 뒤늦게 생각한 것이 부끄러웠다. 택시기사는 기계를 조작하는 기능공이 아니다. 승객을 가장 안전하고 편안하게 모시면서 최상의 부가가치를 제공하는 서비스맨이다. 나아가 신이 만든 창조물 중에서 가장 오묘한 인간을 직접 상대해야 하니까 더욱 전문적인 교육이 필요하다고 생각했다.

"택시대학을 만들어 주세요. 제가 1회 졸업생이 되겠습니다."

가타부타 속 시원하게 답변을 해주는 곳이 없었다. 택시대학 설립신청서를 들고 동분서주하며 무한정 기다려도 답은 없을 것만 같았다. 없던 대학을 새로 만든다는 것은 다른 것을 만드는 것보다 몇 배 더 힘들고 세상의 모든 것이 다 장애물로 보였다. 한 걸음 나아가면 눈앞에 보이는 것은 온통 걸림돌뿐이다. 그런데 나는 이런 장애물을 장애물로 보지 않았다. 걸림돌을 오히려 밟고 넘어서야 할 디딤돌로 보고, 도약의 발판으로 삼고자 했다.

'그래, 기다릴 것이 아니라 내가 만들자!'

하지만 기존에 있던 부실한 대학도 퇴출되는 마당에 택시기사가 어떻게 대학을 만들 것인가? 복잡한 인가절차와 넓은 캠퍼스, 멋진 건물과 우수한 커리큘럼과 교수진을 생각하면 불가능한 일인지도 몰랐다. 아무리 궁리에 궁리를 거듭해도 묘안이 떠오르지 않았다. 그렇게 답답한 마음으로 달력만 쳐다보고 있던 중에 머리를 스치는 것이 있었다.

대학의 본질과 사명에 충실할 수 있다면 천막을 치고 시작해도 되고 부족한 것은 서서히 채워가면 된다는 확신이 들었다. 꼭 정부의 인가를 받아 학위를 주는 공식적인 교육기관일 필요도 없었다. 어렵게 생각하면 한없이 어렵고 쉽게 생각하면 금방 답이 나왔다. 그렇다고 산속에 천막을 치고 시작할 수는 없는 노릇이었다. 내 능력에 맞는 최적의 입지 조건을 고려하지 않을 수 없었다.

접근성이 좋은 서울의 중심부에 있고 주차도 가능한 곳은 아파트 상가 건물의 학원이었다. 발품을 팔아서 발견한 곳이 동대문구 답십리의 어느 아파트 상가였다. 보습학원이었던 곳이라 시설과 비품을 인수하고 벽체 공사만 진행하면 될 것 같았다. 안타까운 것은 보다 넓은 공간이었다면 더 많은 택시대학생을 유치할 수 있었겠지만 자금 사정이 넉넉지 못했다. 보증금을 포함한 상가 임대료, 관리비와 유지비, 사무직원의 급여와 교수진의 강사료를 포함해 연간 1억 원의 한도에서 예산을 짜고 집행해야 했다.

교육 커리큘럼을 짜는 것은 의외로 쉬웠다. 그동안 택시운전을 하면서 받았던 국내외 교육과정에서 선별하고 보완하거나, 반드시 필요했지만 아쉽게도 받을 수 없었던 교육과정을 포함시키면 되었다. 안전운전에 대한 실습과 이론, 고객의 성향에 따른 맞춤응대를 위한 MBTI, DISC, 에니어그램(Enneagram), 밝은 표정을 위한 얼굴경영, 이미지 관리, 기초 외국어 회화, 자동차 구조, 글로벌 에티켓과 매너, 운전자의 건강관리 등을 포함시키고 선진 외국택시 사례연구는 내가 담당하면 되었다. 친절 서비스교육은 고심 끝에 커리큘럼에서 제외했다. 대신에 다양한 인문학과정을 개설하여 '왜 친절해야 하는지'에 대한 답을 스스로 내릴 수 있도록 했다. 그리고 제일 중요한 봉사활동을 추가했다.

대학의 명칭은 '비전택시대학'으로 정했다. 대학을 수료하고 일정 조건을 갖추면 차량 외부에 'V'자 마크를 붙여줄 예정이었다. 비전택시는 일본의 MK택시나 영국의 블랙캡을 능가하는 명품택시로 자리매김하게 하고 싶었다. 하지만 중요한 걸림돌이 있었다. 택시대학 운영을 위해서는 택시운전과 외부 강연을 대폭 줄여야 한다는 딜레마가 있었다. 가족들이 받을 고통과 피해가 상당했다.

"여보, 미안해. 택시대학을 운영하는 동안은 생활비를 못줄 것 같아. 빚도 조금 내야 될 것 같고."

택시대학은 학비를 받지 않을 것이고, 외부의 지원은 기대할 수 없었다. 밑 빠진 독에 거금을 쏟아부어야 하고 오래 유지하고 운영할수록 빚은 늘어날 것이다. 최악의 경우 경제적으로 다시 파산을 할 수 있는 위험한 일이었다. 어떤 가족이 그 일에 찬성할 것인가? 하지만 아내는 달랐다.

"당신이 하고자 하는 일이 너무 멋져요. 최대한 절약하고 아껴 쓸게요. 설마 산 입에 거미줄 치겠어요? 저도 일하는 시간을 늘려 볼게요."

아내의 이해와 도움이 없었다면 택시대학은 세워지지 못했을 것이다. 그리고 '왜 택시대학은 없단 말인가?'라는 당위적 질문을 하지 않았다면 택시대학을 만들 시도조차 못했을 것이다. 모든 질문에는 답이 반드시 존재한다.

허름한 상가를 얻어 초라하게 시작한 비전택시대학의 정식 개강일이 다가오고 있었지만, 적극적인 홍보를 할 수 없었다. 지원자가 몰리면 수용인원의 한계 때문에 탈락자가 나오기 때문이었다. 누구는 받고 누구는 거절하란 말인가? 모두가 어려운 환경에서 일하는 시간을 줄여가며 공부를 해야 하는 처지라는 것을 너무나 잘 알고 있었기 때문이다. 비전택시대학의 유일한 직원인 사무국장은 걱정 어린 눈빛이었다.

"설마, 한 명도 오지 않으면 택시대학 개강은 할 수 없는 거죠?"

지금까지의 모든 수고로움이 물거품이 될 수 있기에 충분히 그

심정을 이해할 수 있었다. 하늘에는 먹구름이 끼고 이내 굵은 비가 쏟아지고 있었다. 날씨도 도와주지 않았다. 개강시간이 다가오고 있었지만 문을 열고 들어오는 사람은 없었다. 전화로 문의한 사람은 꽤 있었지만 실제로 몸을 움직여 입학식장까지 찾아올지는 미지수였다.

"사무국장님, 너무 염려하지 마세요. 한 분은 오시겠죠. 단 한 분이라도 오시면 택시대학은 개강합니다."

하지만 모든 걱정은 기우에 지나지 않았다. 답십리 비전택시대학에 기적 같은 일이 연속으로 일어났기 때문이다. 미래에 택시운전을 준비하며 현재는 화물을 운전하고 있는 50대 여성, 저 멀리 수원과 인천에서 택시를 운전하는 분들이 빗속을 뚫고 택시대학에 모여 들었다. 40년 이상의 택시경험을 가진 70대의 고령임에도 젊은이 못지않은 열정으로 참석하신 왕고참 선배님들까지….

택시대학은 앉을 자리도 없었다. 때마침 서울신문사 성민수 PD님이 촬영팀을 이끌고 택시대학 입학식을 취재해 주었다.

"10년 후, 택시대학 총장이 되는 것이 꿈이라고 하셨는데, 일정을 훨씬 앞당겨 결국 해내셨네요. 축하드립니다."

"감사합니다. PD님과의 약속을 지킬 수 있어 다행입니다."

입학식과 첫 수업을 무사히 마치자 다음 주에는 중앙일보의 임미진 기자님이 취재차 방문해 주셨다.

"기사님 오랜만이에요. 지금은 중앙일보에서 중앙선데이로 자리를 옮겼어요."

임미진 기자님은 2009년 일본 MK택시 교육부터 시작해 그해에만 나를 6번이나 중앙일보의 지면에 소개해준 고마운 분이다. 기적은 또 다른 기적을 불러왔다. 신문을 해외에서 구독했던 싱가포르 국립대의 조승규 교수님이 연락을 해왔다.

"비전택시대학에서 무료 봉사강연을 할 수 있는 기회를 주시면 영광이겠습니다."

아시아 최고 대학의 교수님이 와주신다니, 전혀 예상하지 못했던 일이었다. 택시대학생을 대상으로 '행동경제학과 택시'란 제목으로 강연을 해주셨다. 학생들 먹으라고 복숭아도 한 박스 손수 사오셨는데, 저녁 식사 대접도 못하고 배웅을 한 것이 못내 아쉬웠다. 나중에 마련한 감사패마저 사양하셨던, 봉사와 나눔을 직접 몸으로 보여주신 참스승이자 존경스런 분이다.

'우아한 형제들'의 김봉진 대표님과 소통테이너 오종철 대표님은 이른 아침에 직접 비전택시대학을 방문해 택시대학의 발전 방향과 지원에 큰 관심을 보여주었다. 두 분의 추천으로 〈세상을 바꾸는 시간 15분〉에 출연해 강연을 할 수 있었던 것은 개인적으로 큰 영광이었다. 강연 녹화 당일에는 택시대학생들이 객석에서 열렬하게 응원을 보내 주었다. 더불어 CPCS평생교육원의 김은혜 원장님도 재능기부 강연을 해주었고 많은 강사님을 소개해 주어 택시대학의 원활한 운영에 큰 도움을 주었다.

그러던 중 미국의 대학교수인 형이 예고도 없이 갑자기 귀국했다.

"바쁠 것 같아서 연락 없이 왔다. 형의 성의를 봐서라도 택시대학의 강단에 세워다오."

"아니, 미국은 아직 학기 중일 텐데."

"택시대학 강연 마치고 바로 미국으로 돌아가야 돼. 많은 분들이 택시대학에 도움을 주시는데, 형이 돼서 이제야 와서 미안하다."

비전택시대학에 외국의 두 교수님이 연달아 강단에 서게 되었다. 형은 'IT와 택시의 미래'에 대한 강연을 마치고 미국으로 떠났다. 공항으로 떠나기 전에 형은 동생인 나의 손을 잡아주었다.

"형만 한 아우가 없다는데, 우리 집안은 반대인 것 같구나. 동생인 너에 비하면 형이 너무 초라하구나. 이제부터 우리, 형제를 넘어 친구처럼 지내자."

　근심거리였던 동생을 인정해 주면서 처음으로 손을 내미는 화해의 손길이었다. 택시대학의 운영은 시간적·금전적 손실이 컸지만 그 이상의 것을 나에게 선물해 주었다. 모든 것이 기적이었다.

　"형님, 오랜만입니다. 저 조주연입니다. 30년 전에 춥고 배고팠던 저에게 밥도 사주시고 집에 불러 잠도 재워주셔서 감사했습니다. 택시대학을 만드셨는데 제가 도움이 되었으면 좋겠습니다."

　이제는 '쏘드시스템'이라는 광고회사의 어엿한 대표가 된 조주연 대표는 30년 전의 인연을 잊지 않고 연락을 해왔다. 그리고 비전택시대학의 모든 디자인과 광고물, 강사님께 드릴 감사패 50개를 기증해 주었다.

　택시대학 한쪽 벽에는 미래에 강의를 해주실 분들의 감사패를 미리 제작해 진열해 놓았다. 그리고 강의가 이루어지면 감사패를 드리고 진열대에는 강의 사진을 액자에 껴서 올려놓았다. 하지만 안타깝게도 강의를 해주실 당사자는 자신의 이름이 감사패에 새겨져 있다는 것을 모른다. 앞으로 그분을 반드시 모시겠다는 의지의 표현이었기 때문이다. 그 중 한 분이 오프라 윈프리이기도 하다. 어렸을 적 성폭행을 당하고 청소년 시절에는 마약에 절어 살았던 뚱뚱한 흑인 여성은 그런 굴곡진 삶을 살았기에 이제는 세계적으로 유명한 방송인이 되었을 것이다. 그녀가 만약 한국에 와서 택시대학에서 강의를 해준다면 세계적인 화제가 될 것이다. 그러면 돈 많고 힘 있는 기업이나 관공서에서 택시대학을 제대로 운영해 줄지 누가 알겠는가? 나는 마중물 역할을 하는 것만으로도 영광이다.

우리나라에 택시대학이 만들어졌다는 것이 매스컴에 보도되면서 무료로 재능기부 강연을 해주겠다는 분들의 연락도 많았지만, 사회단체에서도 많은 연락이 왔다. 공익적인 행사에 택시차량을 무상으로 지원해 줄 수 있냐는 내용이었다. 택시대학에 나오는 것만으로 수입이 줄어드는데, 그런 행사에 참여하면 이중으로 피해가 컸기에 난감했다. 택시기사는 그리 생활에 여유가 있지 않았다.

"장애인들을 위한 콘서트를 기획하고 있는데, 혹시 장애인들을 택시에 모셔서 행사장까지 무상으로 이동시켜 주실 수 있나요? 콘서트가 끝나면 다시 집까지요."

고민이 많았다.

"우리 비전택시대학과 저를 포함한 여러분의 존함이 후원이나 협찬사 명단에 올라가지 않습니다. 식사 한끼, 커피 한잔도 제공되지 않습니다. 장애인은 우리가 무상으로 택시에 모신다는 것을 모를 수도 있습니다. 감사하다는 따뜻한 인사 한마디도 듣지 못할 수 있습니다. 연말 금요일 저녁 피크타임에 우리는 연료를 써가며 무상으로 장애인을 모셔야 합니다. 사전에 세차도 하고 장애인의 집까지 이동하여 행사가 끝날 때까지 장시간 영업을 못합니다. 그래도 지원해 주실 분이 계실까요? 전혀 부담 갖지 않으셔도 됩니다."

순간 강의실은 조용해졌다. 몇 분의 장탄식하는 긴 한숨소리가 들렸지만 모두 손을 번쩍 들고 있었다. 너무나 미안하고 감사했다. 비전택시대학은 일반 대학처럼 졸업논문이 없고 대신에 봉사활동이 이를 대신한다. 봉사활동을 마치고 우리는 수료할 수 있었다(평생 공부를 한다는 취지에서 택시대학은 졸업이라는 말을 쓰지 않는다). 어찌 보면 장애인보다 경제적으로는 더 힘든 입장이 택시기사일 수 있겠지만 이런 나눔과 봉사활동으로 유종의 미를 거두며 과정을 마칠 수 있음에 감사했다.

대부분의 사람들은 꿈을 밤에만 꾼다. 그런데 주변에 꿈을 이룬 사람들을 보면 그들은 두 눈을 부릅뜨고 낮에 꿈을 꾼다. 꿈을 한밤중의 꿈속에서 만나지 않고 자신이 꾼 꿈을 분명하게 머릿속에 그려가면서 꿈을 이루기 위해 직접 몸으로 실천에 옮긴다.

'꿈만 꾸는 사람은 꿈을 머리로 꾸지만 진짜 꿈을 실현하는 사람은 꿈을 몸으로 꾼다.' 〈유영만의 청춘경영〉에 나오는 글이다.

머리로 꾸는 꿈은 다른 사람의 꿈일 경우가 많다. 남의 꿈을 머릿속으로 그려보는 수준이다. 진짜 꿈이 실현되려면 온몸을 던져 꿈을 이루기 위한 실천을 반복해야 한다.

4장

책 읽는 택시 기사 技士,

세상의 기사 記士가 되다

금전적인 압박을 각오하고 시작한 택시대학 운영이었지만, 예기치 않은 돌발상황이 벌어져 택시대학의 운영에 차질이 생겼다. 택시대학 강좌가 열리는 날이면 아파트 상가의 주변 주차장을 택시들이 장악하자 입주민들의 불만이 생기기 시작했다. 처음 몇 번은 불편을 감수해 주었지만 쌓였던 불만이 폭발했다. 급기야 형이 강연하는 날에는 아파트 경비원이 강의실 문을 열고 고함을 질렀다.

"지금 뭐하는 짓들이야? 당장 상가 주차장의 택시들을 빼지 않으면 가만 두지 않겠어."

강연 중이던 형을 비롯해 모든 사람들이 경비원의 위세에 눌려 아연실색했다. 택시기사 학생들은 서둘러 강의실을 빠져나가 택시를 아파트 단지 밖의 다른 곳에 주차하고 다시 모여야 했다. 영업을 하다 택시대학에 모이는 학생들에게 대중교통을 이용해 달라고 할 수는 없었다. 시간이 돈인 택시기사에게는 너무 가혹한 일이기 때문이다. 그 후 그나마 주차장에 가장 빈자리가 많은 날로 택시대학 강좌시간을 조정했지만, 입주민의 불만과 민원은 끊이지 않았다. 택시대학 학생들은 일제 강점기에 독립운동을 하듯 숨죽이며 조용히 모여 들었다. 택시 단체들의 시선도 그다지 곱지 않았다. 일개 택시기사 주제에 택시대학 간판을 올리고 강좌를 여는 것이 못마땅했을 것이다.

우여곡절 끝에 택시대학 1회 수료식을 열 수 있었다. 하지만 이 시점에 상가 임대계약 만료시점도 도래하면서, 마음이 초조해지기 시작했다. 나는 처음부터 지원을 부탁하지 않는 성격이다. 내가 모든 것을 감당하다 더 이상 내 힘으로는 버틸 수 없을 때, 마지막으로 지원을 부탁한다. 주차장을 마음 놓고 쓸 수 있는 강의 공간에 대한 지원제안서를 몇 군데 보냈지만 답신이 없었다.

'그래, 서울시장님하고 담판을 지어야 해. 그 수밖에 없어.'

시장님과는 전부터 안면이 있었다. 시장이 되기 전에도 나와 관련된 기사를 블로그에 소개해 주었고, 당선되고도 여러 공식석상에 초대해 주었기 때문이다. 개인적으로도 서울시민 모니터단, 서울 시민기자, 서울시 인권헌장제정위원 등으로도 활동했었기에 먼발치에서나마 시장님을 만날 기회가 종종 있었다.

한 모임에서 발언권을 얻어 택시대학 장소 지원을 호소했다. 담당 주무관에게 협조요청을 구하고 최종적으로 시장님의 결제까지 기다리는 것은 가망이 없었기에 결례를 범할 수밖에 없었다.

시장님의 지시가 있었는지, 업무처리가 일사천리로 진행되어 서울시 교통회관을 빌려 택시대학 강좌를 이어갈 수 있었다. 하지만 다음 해부터는 지원이 끊겨 택시대학은 길고 긴 방학에 들어갈 수밖에 없었다. 나 역시 그동안 심신이 지칠 대로 지쳐 잠시의 휴식이 필요했다.

하지만 방학이라고 넋을 놓고 있지는 않았다. 2년 동안의 택시대학 운영에서 얻은 결과를 가지고 자체적인 평가를 해보았다. 적게는 20여 명에서 많게는 50여 명이 모였던 것은 공간적인 제약이 있었기 때문이다. 보다 많은 택시기사에게 도움을 줄 방법을 찾다가 '책사랑 택시 캠페인'을 생각하게 되었다. 승객이 줄어 하루의 대부분을 택시에 앉아 대기하는 택시기사들에게 그 시간은 어쩌면 독서하기에 좋은 여건이 될 수 있었다. 서울역이나 고속버스터미널에서 길게 줄지어 손님을 기다리는 시간은 많게는 30분 이상이 소요된다. 그 틈을 이용해 독서를 한다면 얼마나 좋을까?

'독서하는 택시기사' 그 모습만으로도 택시기사에 대한 부정적인 평가가 많이 개선될 수 있을 것이다. 나 역시도 택시 안에서 공부를 하고 독서를 통해 좁은 택시 밖을 벗어나 상상의 나래를 펼칠 수 있었고, 일본의 MK택시나 런던 블랙캡의 성공사례를 간접적으로 접할 수 있었기 때문이다.

'택시대학 운영에 들어가는 운영자금으로 책을 구입해 택시기사에게 나누어 주자.'

다 읽은 책은 다른 동료 택시기사와 돌려가며 읽는다면 파급효과가 클 것이라고 생각했다. 전국 택시기사를 대상으로 1인당 책 한 권씩 선물하는 것이 목표였다. 계산기를 두들겨 보니 얼추 40억원이라는 돈이 소요되는 일이었다. 혼자서는 할 수 없는 일이었다. 출판사와 작가의 지원이 절실했다.

다행히 몇몇 출판사와 저자, 그리고 많은 지인 분들이 동참을 해줘 서울, 광주, 대구, 경주, 울산, 부산, 제주까지 수천 권의 도서가 무상으로 배포되었다. 특히 전북에 사시는 박 선생님은 끝내 당신의 이름을 절대 밝히지 말아달라고 당부하시며 1,000권의 도서와 3년간 매월 50부의 월간지 1,800부를 기증해 주었다. 책의 표지 안쪽에는 도서를 후원해 준 업체와 개인의 명단 그리고 '다 읽으신 도서는 동료 택시운수종사자에게 전달해 주세요'라는 문구를 스티커에 인쇄하여 붙였다.

택시대학 운영, 책사랑 택시 캠페인을 주관하면서 봉사와 기부가 몇 번의 전시적 행사가 아닌 일상인 훌륭한 분들을 만날 수 있었다. 러시아의 문학가 톨스토이는 짧은 세 가지 질문을 통해 보람 있고 가치 있는 삶을 살기 위한 질문을 던졌다.

첫째, 이 세상에서 가장 소중한 시간은? 바로 지금이다. 두 번째 질문은 이 세상에서 가장 소중한 사람은? 바로 내 곁에 있는 사람이다. 세 번째 질문은 이 세상에서 가장 소중한 일은? 내 곁에 있는 사람을 위해 뭔가를 하는 것이다.

나는 톨스토이의 세 가지 질문을 통해 택시기사로서 가장 행복한 삶을 사는 비결은 마음속에 품고 있었던 일을 지금 당장 실천하면서 내 주변에 있는 사람들을 위해 뭔가를 하는 것이라는 점을 깨달았다. 비록 택시기사에게 책을 나눠주는 행사지만 그것이 주어진 삶도 다르게 살아갈 수 있는 세상의 기사가 될 수 있음을 보여준 것만으로 행복한 체험이었다. 세상은 거창한 계획보다 작은 실천이 바꿔 나가기 때문이다.

5장

우리는 모두 저마다의
힘겨운 인생을
살아간다

강연가로 유명세를 얻으며 전국을 무대로 강연을 하는 일이 일상이 되었다. 강연가에게는 당연히 시간이 돈으로 환산되는 비즈니스의 세계를 무시할 수 없다. 하지만 때로는 재능기부 강연 요청도 있고 예산이 턱없이 부족하지만 꼭 모시고 싶다는 지자체나 정부기관의 강연도 많다. 이 경우 사람과 사람 사이에 흐르는 정 때문에 일반적인 외부 강연의 기준에는 턱없이 부족하지만 냉정하게 자르지 못하고 수락하는 경우가 많다. 나 한 사람의 수고로 수백 명의 청중에게 인생의 의미를 반추해 보고 다시 살아가야 하는 이유를 알려줄 수 있다면 더 없이 보람차고 의미 있는 일이 될 것이기 때문이다. 강연은 그래서 꼭 돈을 기준으로 할지 말지를 판단하지 않는다. 나를 필요로 한다는 점에서 우선 너무나 행복한 일이고, 내가 살아온 보잘 것 없는 이야기가 다른 사람에게 힘이 된다는 사실만으로도 경이로운 기적이 아닐 수 없다.

이런 노력의 일환으로 한순간 판단착오나 실수로 사회와 격리되어 수감생활을 하는 사람들을 위해 강연할 수 있는 인연이 시작되었다. 교도소 교정위원이 되어 회비를 수십만 원씩 내고, 교도소 강연 당일에는 떡이나 아이스크림을 포장해 가기도 한다. 2시간 강연료는 채 10만원도 되지 않지만 떡값은 50만원이 넘게 들기도 한다. 또 출소자들의 멘토링을 하기도 한다. 오갈 곳 없는 재소자는 밤 12시에 출소하기를 기다려 찜질방에서 같이 묵고 아침에 취업처에 안내해 주기도 하고, 주기적으로 만나 식사나 술을 사주며 고민 상담을 들어주기도 한다. 간혹 새벽시간에 걸려오는 전화도 받아야 하며, 택시비를 못내 경찰서에서 전화가 오면 바로 가서 택시비를 내주기도 한다. 하지만 그렇게 해서라도 사회에 안착을 하면 좋겠지만, 전과 경력이 7~8번 정도가 넘으면 백약이 무효이고 그는 다시 교도소로 향하게 된다. 평생 교도소를 들락거리는 딱한 인생을 구제하지 못했다는 것에 심한 자책감을 느끼기도 한다. 그래서 교정위원이 되거나 교도소 강연은 사명감이 필요하다. 간혹 내가 교도소나 구치소 강연을 다녀오면 자신도 의미 있는 일에 동참하겠다는 강사들이 있다. 하지만 그 내막을 설명하고 강의로 끝나는 것이 아닌 여러 가지 일까지 동참해 달라고 부탁할 수 없기에 난감할 뿐이다.

담장과 철창 안의 사람들에게 관심을 가지지 않으면 밖에 있는 내 가족이 피해의 당사자가 될 수 있다. 교정업무는 그래서 막중한 소명을 갖게 된다. 그들이 출소해서 정상적인 안착을 해야 내 가족도 안전하게 보호할 수 있다. 간혹 전과자들이 택시회사에 위장취업을 하여 범죄를 저지르기도 한다. 나는 그들에게 어떤 택시기사는 그 직업을 생명 같이 소중하게 생각하고 있다는 것을 알려주고도 싶었다.

강연을 가면 담장과 철창 안에는 산만한 덩치에 전신을 시퍼런 문신으로 치장한 청년들이 더러 있다. 눈빛도 예사롭지 않아 강연자를 주눅들게 하기도 한다. 하지만 이내 딴청을 피우면서 천장만 쳐다보며 강연자와 눈을 마주치길 거부한다. 교육과정과 강연자의 강연내용에 전혀 관심이 없다는 표시다. 내 목표는 오직 하나다. 그들의 고개를 돌려 눈을 마주치고 강연의 마지막에는 그 예리한 눈에서 눈물을 흘리게 하는 것이다. 그 절차가 끝나고 가슴에 안아주거나 손을 잡아주면 내 임무는 완수된다. 그래서 어느 강연보다 혼신의 힘을 다한다. 간혹 편지를 받기도 한다. 다음은 평범한 대학생 수감자의 편지다.

행복을 운전하시는 정태성 선생님께.

움츠러든 몸을 일으키고 더욱 바쁘게 움직이기 위해 준비하는 2월의 마지막을 보내고 있습니다. 지금도 커다란 열정을 가지고 노력하시는 선생님의 모습이 어렴풋이 그려지기도 합니다. 약 한 달 여만에 이렇게 인사를 드립니다. 그날의 값지고 은혜로운 두 시간 정도의 교육을 마음 깊이 담아두고서 저 역시도 선생님처럼 최고의 위치에 서기 위한 노력을 힘차게 해나가고 있습니다.

편지를 적고 있는 오늘은 정말 기본적인 영어회화 책을 보면서 공부도 시작했습니다. 전부 알만한 내용이라고 우습게 여겼지만 막상 공부를 시작하니 어렵게만 느껴집니다. 그러나 아직까지 한계치에 도달한 적이 없는 만큼 저의 발전을 위한 공부에 더욱 박차를 가해보겠습니다. 굳이 남들이 하는 것과 같은 방식의 공부는 아니더라도 자신에게 지식을 쌓는 의미로써 이미 기분 좋은 시도를 하고 있는 것 같습니다.

공부를 시작하면서 시간이 얼마나 소중한지도 실감하고 있습니다. 하루가 너무나도 짧게 느껴집니다. 이 안에서도 할 일과 또 하고 싶은 일이 굉장히 많아서 계획을 세워 체계적으로 하루를 써도 아쉬움이 제법 남습니다. 시간의 소중함을 느끼는 자체만으로도 소중한 열매를 수확한 것은 아닐까요? 저는 그렇게 생각합니다.

어느 자리, 어떤 상황에서도 좌절하지 않고 성공의 디딤돌로 만들어 내고야 말겠습니다. 약간의 변화된 생각만으로도 제가 정말 다른 사람이 된 것 같은 느낌이 듭니다. 가슴속에 담겨 있었던 엉켰던 실타래들을 풀어내고 부정적인 감정들 역시도 모두 털어내면서 진짜 저로 일어설 수 있게 되었습니다. 이제부터는 앞으로 닥칠 수많은 풍파를 이겨낼 자신감이 생겼습니다. 앞으로 더욱 변화해야 하고 갖출 점들이 너무 많습니다. 선생님의 가르침처럼 용기와 인내를 가지고 항상 행동으로 옮길 수 있는 사람으로 거듭나겠습니다.

선생님께서 저에게 전해 주셨던 마음은 고스란히 제 마음속에도 녹아들었습니다. 항시 그 감사함을 잊지 않고 한결같은 마음으로 씩씩하게 앞을 향해 가려고 합니다. 지금 이 약속에 증인이 되어 주셔서 계속 저와 함께 해주시기를 바라는 마음을 담아, 글을 마치도록 하겠습니다.

항상 건강하시고 행복을 운전하시는 선생님의 노력을 존경하고 응원합니다.

2월 22일 JS 올림

구치소 강연을 마치고 나오며 교도관에게 전해 받은 편지를 읽으면서 보람을 느꼈다. 나에게 편지가 전해지기까지는 거의 두 달이 걸렸다. 녀석의 모습이 어렴풋 떠올랐다. 공교롭게도 아들과 나이가 같은 대학생이었다. 강연이 시작되면서는 고개를 돌리며 외면했지만 결국 마지막에는 눈물을 흘린 순박한 학생이자 재소자이기도 했다. 나는 그가 공부를 시작하고 시간의 소중함을 깨닫게 된 것이 반가웠다. 나도 절망적인 상황에서 택시 안에서 공부를 시작하며 다시는 돌아오지 않을 시간의 소중함을 깨닫게 되었고, 서서히 변화되어 갔던 경험이 있었기 때문이다. 나를 높은 담장과 철창 안의 세계로 인도했던 장선숙 교도관으로부터 때마침 전화가 왔다. 나는 편지의 내용을 대충 얘기해 주었다. 그녀의 목소리와 나의 목소리는 어느새 흐느끼고 있었다.

"짱쌤, 이런 감동을 느낄 수 있게, 교도소와 구치소에 연사로 초대해 주셔서 감사드립니다."

택시기사는 국가에서 주는 훈장과 포장도 수여받고 정부 차원의 신지식인이나 혁신리더에 선정되기도 한다. 대통령, 국무총리, 장관, 시장, 도지자, 군수, 각 협회나 기관장, 단체장 등에게 수시로 표창장을 받는다. 존경스럽고 모범적인 선배, 동료 택시기사들이 많기 때문이다. 표창장을 한 번도 안 받은 택시기사도 드물다. 하지만 나는 22년 동안, 단 한 번도 어떤 부분에 선정되거나 표창을 받은 적이 없다. 전혀 서운하지 않다. 누군가가 그랬다.

"당신이 하는 일은 택시기사로서 충분히 예측가능하거나 상상할 수 있는 범위를 초월했기에 당신이 하는 일의 의미 자체를 이해할 수 없다."

이 말을 듣고 오히려 나는 기쁘기까지 했으니 말이다. 하지만 이 날의 편지는 어떤 표창장이나 훈장보다 나에게 값진 선물이었다.

겨울에서 봄을 건너뛰고 여름이 곧바로 오면 인간은 살아가기 힘들 것이다. 오늘이 영하 20도인데, 내일은 영상 35도라면 인간이 적응하기는 쉽지 않다. 조난을 당해 몇 주일 굶은 사람에게 부드러운 죽을 주지 않고 커다란 스테이크 덩어리를 준다면 탈이 난다. 내가 그랬다. 전혀 예상하지 못한 인생역전의 급격한 변화에 나는 대처할 준비도 못했고 적응도 못했다. 엄청난 인생역전의 행운을 감당할 그릇이 못되었던 것이다. 그것이 결국 나 혼자 변해서는 '직업에 귀천이 없는 세상'은 오지 않는다는 절망감과 함께 우울증세로 나타났다. 머리에 쓸 왕관의 무게를 견뎌내지 못한 것이다. 여기서 빠져나오는 방법은 내가 가지고 있는 행운과 찬란한 왕관의 무게를 주변과 나누는 것이었다. 그것이 택시대학이었고, 책 나눔이었으며, 교도소 강연이었다.

모든 이타적 행동도 결국 자신에게 축복으로 돌아오는 경험이 아닐 수 없다. 불교의 화엄경에 나온다는 자리이타(自利利他)라는 말이 바로 이런 상황에 적용되는 말이 아닐까? 자리이타란 다른 사람을 이롭게 하는 것이 곧 자신을 이롭게 한다는 뜻이다. 이타심은 타인의 아픔을 나의 아픔으로 생각하는 공감에서 비롯된다. 앞으로 우리 사회가 필요로 하는 미래의 인재에게도 이런 자리이타적 자세와 태도를 더욱 강조했으면 하는 바람이다.

우리가 살아가는 이유는 나만 행복한 삶을 만드는 데 있지 않다.

진정한 행복은 더불어 행복한 관계가 성립될 때 일어난다. '진정한 예술은 다른 사람을 행복하게 하는 것'이라는 〈위대한 쇼맨〉의 마지막 대사는 그 어떤 대사보다 내게 강렬한 인상으로 다가왔다. 보잘 것 없는 나의 강연이 나보다 힘들고 어려운 상황에 놓여 있는 사람들에게 지푸라기 같은 작은 힘이 된다면, 그리고 그것이 그들로 하여금 더 나은 인생을 살아갈 수 있도록 도와주는 용기와 희망의 메시지라면 나는 앞으로도 발 벗고 나서 이런 강연을 계속할 것이다.

택시대학 청소부, 아내에게 보내는 편지

 택시대학 강좌가 열리는 날이면 아내는 한 번도 빠짐없이 미리 강의실을 청소했다. 머리에 수건을 쓰고 마스크를 끼고 바닥을 쓸고 책상을 물걸레로 닦았다. 청소를 마치면 마트로 가서 택시대학 학생들이 먹을 간식과 음료수를 준비했다. 택시기사인 남편에게 어울리지 않는 '총장님'이라는 호칭이 붙었을 때, 아내는 자신을 택시대학 청소부로 불러달라고 했다.
 작은 체구에 얼굴은 해맑은 미소를 머금고 있지만 그 청소부는 매우 강인한 여자다. 내가 붙여준 별명이 '오란'이다. 밭에서 일을 하다가 산기를 느끼고 집에 가서 혼자 아기를 순풍 낳고 아무 일 없었다는 듯 다시 밭에 나와서 일을 하는 펄 벅의 〈대지〉에 등장하는 오란. 나는 아내에게서 어머니를 떠올린다. 담석증 수술을 받자마자 퇴원해서는 아픈 배를 움켜쥐고 가족들의 식사준비를 했던 어머니였다.
 별 볼 일 없는 남자를 만나 장인, 장모님을 설득해 결혼하고, 남편이 사업을 실패해 빚더미에 올랐어도 용기를 잃지 말라고 격려했던 여자. 사업가의 아내에서 택시기사의 부인으로 전락했어도 자신의 운명으로 받아들이고 남편을 구박하지 않았던 여자. 모진 세월을 택시기사의 아내로 견뎌내고 이제는 제법 남편이 유명강사가 되었는데도 생활비를 올려달라고 독촉하지 않았던 여자. 내가 받는 강연료에 빚까지 내어 택시대학에 쏟아부어도 억울해 하지 않았던 여자.

"당신이 남들 앞에서 강연을 한다는 자체로 나는 행복해요. 열심히 살아준 당신이 고마워요. 돈까지 바라면 그것은 욕심이죠."

나는 아내와 결혼하면서 아내에게 다짐을 받아둔 것이 있었다. 어머니가 살아계실 때까지 나의 첫 번째 여자는 어머니이고, 부부가 서로 존경하는 관계로 늙어가는 것이었다. 물론 아내도 동의했다.

딸이 병원에 입원했을 때에도, 수술을 받기 전까지도 아내는 태연한 척했다. 딸이 하늘나라로 갔을 때에도 내 앞에서 아내는 내색하지 않으려고 애를 썼다. 하지만 나는 알고 있었다. 누구보다도 힘들었다는 것을….

아내는 내가 잠든 것을 확인하고 몰래 화장실에 갔다. 내가 들을까봐 스스로 자신의 입을 손으로 틀어막고 간신히 울음을 참아내고 있었을 것이다. 때로는 화장실 밖으로 흘러나오는 아내의 희미하지만 처연한 울음소리를 나는 들을 수 있었다. 그 소리를 들으며 나는 애간장이 녹아내렸다. 울어서 퉁퉁 부은 눈을 숨기려고 아내는 찬물로 세수를 하고 조용히 이불을 덮었다. 내가 위로를 해주어야 하는데, 아내가 나를 위로하며 지금까지 살아왔다. 아내의 희생 덕분에 나는 공부를 할 수 있었고, 일본과 영국에 연수를 다녀왔고, 택시대학을 만들 수 있었다.

"여보, 나보다 오래 살아야 돼. 당신 품에 안겨서 편안하게 죽고 싶어. 내가 아프면 병원에서 생을 마감하기 싫어. 우리 여행가자. 여행하다가 작별하고 싶어."

아내가 나에게 '랭글러' 택시를 뽑아주면서 한 말이다. 아내가 많이 아프면 랭글러 뒤에 작은 캠핑카를 달 것이다. 대한민국 구석구석 아내와 얽힌 추억의 장소를 돌아볼 것이다. 그리고 아직 가보지 못한 곳도 가볼 것이다. 그 캠핑카 안에서 아내와 작별할 것이다. 우선 내가 아내보다 오래 살고 볼 일이다. 아내를 두고 내가 먼저 떠나기는 죽어도 싫다. 나는 택시대학 청소부를 존경하고 사랑한다.

못난 남편이

5막
전진하지 않으면 전락할 수 있다

길이 이끄는 곳으로 가지 말고
길이 없는 곳에 가서 흔적을 남겨라. ― 랄프 왈도 에머슨

이 세상을 살아가는 사람들은 모두 저마다의 사연을 가지고 힘든 인생을 살아간다. 힘들지 않은 삶은 어쩌면 애초부터 불가능한 꿈일지도 모른다. 삶이 녹록치 않기에 거기서 더 의미심장한 의미가 나오지 않을까? 세상의 전설을 만든 사람들은 하나같이 진부한 전통에 매여 살지 않는다. 남에게 보여주기 위한 자리보다 그 자리에서 어떤 자세로 살아가야 되는지를 치열하게 고민하는 사람, 그 사람에게 세상은 기회를 주고 자격을 갖출 수 있는 장을 마련해 준다. 그 자리에서 자세를 갖춘 사람은 정상에 이르기 위해 언제나 보통사람이 시도하기 어려운 딴짓을 일삼는다. 세상의 눈으로 보면 딴짓이지만 그 일을 하는 자신은 자기가 살아가는 방식이다. 딴 생각을 할 수 있는 원동력이 바로 딴짓이다. 전통마저도 뛰어 넘으려고 전인미답(前人未踏)의 길을 걸어갈 때 오리무중(五里霧中)했던 삶도 오색찬란(五色燦爛)하게 빛나기 시작하면서 인생 2막의 문이 활짝 열릴 수 있다.

1장

―

나의 직업관으로

―

삼성의 직업관을

―

가르치다

T A X I

"왜 하필 택시기사인 겁니까?"

"'삼성인의 직업관'을 주제로 강의를 해주실 분은 충분히 많습니다. 하지만 이를 현장에서 직접 실천하고 있는 사람은 찾기 힘들더군요. 그러다 내부 토의를 거쳐 정 선생님이 적격자라고 결론지었습니다. 우리 삼성에게도 정 선생님을 모셔서 '삼성인의 직업관'에 대한 강연을 맡기는 것이 모험이고 도전이자 혁신입니다."

매스컴에 깜짝 등장하고 몇 번의 강의를 하고 이내 무대에서 사라지는 강사들이 많다. 나도 이런 부류에서 예외가 아닐 것이라는 주변의 평가가 대부분이었다. 그런데 대부분의 강사들이 선호하는 삼성그룹에서 연간 강연에 대한 제안을 받게 된 것이다. 택시기사로서 세계 제일인 일본의 MK택시와 영국의 블랙캡을 따라잡기 위한 열정, 그대로 그들을 카피하는 것을 넘어 자신만의 혁신적인 서비스 개발, 이에 만족하지 않고 남이 가보지 않은 길을 개척해 가는 어느 택시기사의 도전정신을 높게 사준 교육담당자가 있었기에 가능한 일이었다.

그렇다고 내가 대단하다는 것은 절대 아니다. 검증된 유명 교수나 베스트셀러 작가, 연예인 및 스포츠 스타들이 기업체 사내교육의 강단을 점령하고 있던 풍토에서 삼성이 처음으로 고정관념을 파괴한 것이다. 이는 마치 '경영의 신'으로 추앙받는 일본의 마쓰시타 고노스케 선생이 동네 독특한 이발소 주인장을 불러 강연을 맡긴 것과 흡사하다. 역시 삼성답다는 생각을 하면서 제안에 감사함을 가지고 기꺼이 임했다. 한마디로 나에겐 영광스런 일이었다.

삼성은 나에 대한 조사와 검토가 어느 정도 있었던 것 같았다. 미국 동부 아이비리그와 유명 공대 박사들이 즐비한 수천 명을 대상으로 주기적·연속적으로 강연을 맡기려면 당연한 일인지도 모른다. 그들은 신입사원이었지만 연수를 받으면 중간관리자로 일할 삼성의 핵심인재이기도 하다. 강연은 경기도 용인에 있는 삼성인력개발원의 창조관에서 진행되었다. 강연가에 대한 예우도 파격적이었다. 집에서 강연장으로 향하는 여정에도 최고급 세단을 배차해 주었고 강연이 끝나면 역시 집까지 세단으로 데려다 주었다.

세단이 집 앞에 대기하고 있을 때는 동네 주민 누군가가 봐주기를 기다리며 천천히 차에 올랐지만 쳐다보는 이는 없었다. 그렇다고 매번 꽹과리를 칠 수도 없는 노릇이었다. 유치하지만 자랑하고 싶었던 것이 솔직한 심정이었다. 삼성은 내가 좋아하는 식사와 음료의 종류까지 파악해 불편함이 없도록 배려해 주었다.

창조관에 도착하면 사전에 무전을 받고 대기하던 안내자와 함께 강사 대기실로 향해 휴식을 취하면서 강연 준비를 한다. 이 시간이 가장 긴장되는 순간이다. 강연 시작 시간 1분 전에 마치 경호를 받듯이 강연장으로 향한다.

"강사님 입장하십시오."

무전 연락이 되면 강연장 출입구가 열린다. 중앙계단을 밟으며 연단으로 향하는 과정에는 피교육생 전원이 기립박수로 강연가를 맞이하며 환호해 준다. 난생 처음으로 받아보는 환대에 꿈을 꾸는 것만 같았다. 두 시간 동안 졸거나 한눈을 파는 피교육생은 한 명도 없었다. 그들의 눈빛은 의욕에 불탔으며 택시기사라고 얕보지도 않았고 한마디도 놓치지 않으려 집중했다. 높은 위치에 오르거나 잘나갈수록 오히려 겸손하게 자세를 낮추고 택시기사의 삶도 배울 필요가 있다는 삼성의 자세에 오히려 내가 크게 감명을 받았음은 물론이다.

강연이 끝나면 피교육생은 강연가를 평가한다. 평가도 후해서

98.3(4.915)의 평점을 받았다. 물론 다른 강연가가 그 자리에 섰어도 높은 평점을 받았을 것이다. 하지만 강연가의 입장에서도 피교육생의 교육태도를 평가한다. 망할 것 같은 조직, 더욱 크게 흥할 조직에 대한 느낌이 온다. 그 예측은 거의 들어맞는다. 역시 최고는 다르다는 '아우라'가 삼성맨에게서 뿜어져 나왔다. 그 다음 해에는 삼성전자의 메모리, 모바일, 디스플레이 사업부에서, 또 그 다음 해에는 삼성의 계열사 여러 곳에서 강연을 했다.

삼성전자가 어떤 회사인가? 모두가 한국에서는 불가능하다던 64KD램을 1983년에 개발해 내고, 1994년 세계 최초로 256MD램을 개발한 이후 지금까지 오랜 세월이 흘렀지만 단 한 번도 1등 자리를 내어준 적이 없는 세계적인 기업이 아니던가? 그래서 국민들도 당시 세계 전자산업을 주름잡던 일본을 이길 수 있다는 희망을 가지게 되었고, 우리도 세계 1등이 될 수 있다는 희망을 주지 않았던가? 택시운전을 하는 나에게도 삼성은 분명 동기부여를 해주었다. 물론 삼성에 대한 부정적인 평가가 있음도 안다. 하지만 삼성의 임직원과 삼성의 제품은 마땅히 존경받아야 된다고 감히 생각한다.

"삼성에서 강연한 것이 뭐가 대단한가? 이미 많은 강사들이 거기서 강의를 하고 있는데."

하지만 자신만의 경험담으로 창조관에서 '삼성의 직업관'을 강연한 강연가는 그리 많지 않을 것이라는 생각에 나는 마치 '국가대표 택시기사'가 된 듯한 기분이었다. 삼성그룹 강연 이후 더 많은 기업에서 나를 초빙했고, 강사들의 꿈의 연봉도 훌쩍 뛰어넘게 되었다. 물론 내가 갈 길은 아직 멀었고, 부족한 것이 많았다. 다만 다시 택시대학을 혼자의 힘으로 오픈하고 책 나눔 캠페인을 더욱 확대할 수 있는 기회가 다가오고 있음에 감사했다.

보통 책에 나오는 직업관은 관념적이다. 관념적이라는 말은 누구에게나 다 적용될 수 있는 일반적인 의미를 가지고 있다는 말이다. 일반적으로 직업관이라는 말은 구체적인 체험을 통해 깨달은 직업관이 아니라 유명한 사람들의 직업관을 문헌으로 연구해 도출한 교과서적인 직업관이라는 말이다. 하지만 기업에서 원하는 직업관은 책에 나오는, 누구에게나 다 적용될 수 있는 직업관이 아니다. 현재의 직업을 직접 온몸으로 경험하면서 개인이 얻은 구체적인 직업관이다. 그런 직업관이라야 주관적인 신념을 엿볼 수 있고, 주관적인 신념이 깃들어 있는 직업관이라야 왜 그런 직업관을 갖게 되었는지 문제의식을 엿볼 수 있다.

삼성이 나에게 원하는 직업관은 도덕이나 윤리 교과서에 나오는 직업관이 아니다. 택시기사를 하면서도 자기 직업에 대해 자부심과 열정을 갖게 된 사연과 배경, 그런 직업관으로 지금 하고 있는 일에서 의미와 가치를 창조해 내는 나만의 비법을 듣고 싶은 것이다. 나는 소중한 이 경험을 통해 환경미화원에서 첨단산업 종사자에게까지 직업관을 고취시켜서 국가 발전에 작은 기여를 할 수 있지 않겠느냐는 가능성을 보았다. 그리고 택시기사에 대한 부정적인 고정관념이나 편견, 선입견에 대해 강연을 통해 깰 수 있다는 희망을 가지게 되었다. '그래, 택시기사라는 내 직업으로 세상을 바꾸자!'

2장

—

기준이 있는 사람만이
기준을 돌파한다

'직업'이라는 단어를 한영사전에서 찾아보면 job, work, occupation, career, vocation, profession이라고 나온다. 그리고 우리는 이를 보통 생업, 직업, 천직 등으로 구분한다. 자신이 하는 일에 어떤 가치와 의미를 부여하느냐에 따라 그 결과로서의 직업 구분이 아닐까 생각한다.

22년 차, 서울에서 택시운전을 하고 있는 나는 생업으로 출발했다. 하지만 경력이 쌓이다 보니 직업의 구분이 6단계로 세분화되기 시작했다. 물론 미래에는 7, 8단계로 더 세분화될지 알 수 없는 노릇이지만 나의 택시운전은 최종 6단계를 지향하고 있다.

1. 생업(生業)

오로지 일하는 목적이 돈을 벌기 위한 것 이상도 이하도 아니다. 그래서 돈을 주지 않으면 일하지 않는다. 더 많은 돈을 주는 곳이 있으면 미련 없이 직장이나 업종을 바꾼다. 밥 먹고 살기 위해 하기 싫은 일을 노동으로 생각하며 살아간다. 노동으로 일을 하니 몸과 마음은 늘 피곤하다. 일을 통해 배우는 것도 없고, 그저 하루하루를 살아간다.

2. 직업(職業) 1단계

생업도 아니고 직업도 아닌 막연한 단계를 참아내고 한 업종에서 5~10년 정도 묵으면 여러 가지 일을 해낼 기본기를 갖춘다. 못하는 일이 거의 없을 정도다. 두루두루 모든 분야를 잘 해내는 수준이지만 결정적으로 자신을 드러낼 필살기가 없다. 나를 보여 줄 수 있는 나만의 필살기가 없다 보니 언제 퇴직을 강요당할지 모른다. 정년퇴직과 연금, 퇴직금 등이 유일한 위안거리다. 사실, 이 단계까지 오르기도 만만치 않다.

3. 직업 2단계

직업적 전문성도 어느 정도 갖추었고 인성과 품성도 갖추었다. 덕분에 다른 직원보다 빠르면서도 탁월하게 일을 수행해 여러 곳에서 스카우트 제의를 받는다. 자신의 능력개발을 위해 기꺼이 출혈을 감수한다. 사장은 이 사람을 붙들기 위해 더 높은 자리나 더 많은 보수를 보장해 준다. 이 단계에 오르면 회사를 스스로 선택할 수 있다. 대기업의 능력 있는 임원들이 그렇다. 하지만 여전히 조직이라는 우산 덕분에 경쟁력을 가지고 있는 정도이다. 조직을 벗어나면 빛 좋은 개살구가 될 수 있다.

4. 직업 3단계

해당 분야의 전문가 또는 1인자다. 그래서 타의 추종을 불허한다. 범접할 수 없는 경지에 이르렀다. 비교 대상이 없다. 어제의 나와 비교할 수 있을 뿐이다. 이 단계는 남보다 잘하려고 노력하지 않고 전보다 잘하려고 노력한다. 그가 가는 곳이 법이자 길이 된다. 모두가 그를 닮고 싶어해서 롤모델로 삼는다. 하지만 직업과 나는 여전히 별개다.

5. 천직(天職)

자신이 하고 있는 일이 자신이 되는 단계, 즉 일과 삶이 구분되지 않고 자신이 하는 일로 자신을 증명할 수 있는 단계다. 이 부분이 직업과 천직을 나누는 중요한 기준이다. 지금 하고 있는 일이 없어지면 자신이 없어지는 것과 동일하다. 즉, 직업과 개인의 정체성이 동일하다. 이 사람은 앎과 삶이 구분되지 않기 때문에 그의 업무 외적인 인생 히스토리마저 귀감이 된다. 그 앞에 모두가 머리를 숙이고 존경을 넘어 모든 사람의 사랑을 받는다. 하지만 천직에 종사하는 사람이라고 모두 사회적 기여와 공헌을 하지 않는다. 자신을 뛰어넘어 공동체와 사회에 이바지하는 직업의 세계, 전설이 되지 못하는 이유다.

6. 전설(傳說)

천직으로서의 직업에 충실하면서도 자신의 직업을 바탕으로 새로운 직업세계를 열어가려고 부단한 노력을 멈추지 않는다. 개척자 정신을 가지고 누구도 시도하지 않았던 도전과 모험으로 기존의 성벽을 파괴하고 직업의 영역을 확장시키거나 이동시킨다. 여기서 성공과 실패는 그의 관심사가 아니다. 그에게는 미지의 세계로 도전하려는 개척자 정신과 기업가 정신으로 새로운 영역에 부단히 도전하고 가능성에 목숨을 건다. 그는 First & Only이며 불멸의 아이콘이다. 눈부셔서 감히 쳐다볼 수 없다. 그는 역사에 남아, 하늘의 별이 되어 영원한 생을 누린다.

어느 택시기사의 '직업 발전 6단계 설'이기에 신뢰도가 떨어질 수 있다. 물론 국제적으로 공인된 이야기도 아니다. 이는 지금까지 내가 일하면서 피부로 느낀 점을 단계별로 구분해 정리한 내용일 뿐이다. 그러다 보니 단계 구분이 약간은 인위적이라 무리가 따를 수 있다.

하지만 여기서 중요한 것은 자신만의 기준으로 직업 발전단계를 나눠보고 더 높은 단계로 올라가려는 의지가 있느냐 없느냐이다. 항상 현재에 만족하지 않고 자신의 직업으로 자신을 증명해 보이고 그것으로 세상을 자기 방식으로 주도하면서도 다른 사람에게 귀감이 되려는 노력이 중요하다.

3장

자리보다

자세가 중요하다

"경기도청입니다. '찾아가는 실국장회의'에서 택시발전정책에 대한 발표를 부탁드립니다."

"저는 택시 관련 단체의 직책도 없을 뿐만 아니라 경기도가 아닌 서울에서 일하는 일개 택시기사일 뿐인데요. 전화를 잘못 거신 것 같습니다만."

"정태성 씨를 꼭 모셔서 귀한 말씀을 듣고 싶습니다."

전화 통화를 마쳤지만 도무지 실감이 나지 않았다. 우리나라에는 방대한 조직의 택시 관련 단체가 무수히 많기 때문이다. 택시 사업자 단체인 '전국택시운송사업조합', 회사택시 운전노동자로 구성된 '전국택시노동조합연맹'과 '전국민주택시노동조합'이 있다. 그리고 개인택시 기사로 구성된 '전국개인택시운송사업조합연합회' 등의 전국 조직이 있으며 그 산하단체는 수를 셀 수 없을 정도이다. 개인택시만 하더라도 전국 조직 산하의 지역조직인 '서울개인택시운송사업조합'이 있고, 또 그 밑에는 18개 지부가 존재한다.

이사장, 부이사장, 조합장, 전무이사, 이사, 감사, 본부장, 지부장, 부지부장, 부장, 차장, 대의원 등등의 직책을 가진 택시기사들이 국토교통부와 지방자치단체와 함께 대한민국 택시를 이끌어간다고 해도 과언이 아니다. 나는 그 어떤 조직에서 어떤 직책을 맡은 적이 없으며, 선거로 선출되는 모든 직책에 단 한 번도 입후보한 적이 없었다. 목에 깁스를 하고 소위 '택시 문제에 방귀 깨나 뀐다'는 사람들과 나는 거리가 멀었다. 나는 아웃사이더이자 비주류 중에서도 변방에 있었다.

그런데 그런 막강한 영향력을 발휘하는 사람들을 배제하고 그 자리에 초대를 받았으니 내 귀를 의심하지 않을 수 없었다. 그렇다고 긴장되거나 주눅들지는 않았다. 회의가 열리는 경기도 북부지역의 도로를 탐방해 자료를 수집하고 택시발전정책에 대한 발표 준비를 했다. 도지사를 중심으로 경기 북부지역의 시장과 군수, 각 부처의 국장과 실장이 자리를 잡았고, 나는 연단으로 나갔다. 시작은 누구나 인식하는 상식적인 수준에서 발언했다.

"제갈공명이 살아 돌아와도 해결할 수 없다는 택시 문제는 결국 무계획적, 무차별로 증차되어 온 택시 총량에 기인한다고 볼 수 있습니다."

실제로 그랬다. 택시를 줄이지 않고는 백약이 무효하다는 것에 택시 관계자는 동의했고 택시 감차를 위한 계획을 발표했지만, 천문학적인 예산 확보도 어렵거니와 구체적인 로드맵이 전무한 상태였다. 어떤 정치인과 행정가가 택시를 줄이기 위해 수조 원의 국고를 쓰자고 주장하겠으며, 세금을 부담하는 국민들이 또한 동의를 하겠는가. 그래서 택시 관계자들은 이구동성으로 죽은 '공명'을 들먹이며 자포자기하는 경우가 많았다.

"택시가 너무 많아 빈 차로 배회하는 시간이 늘어나 택시의 사업성이 떨어지는 것은 오히려 위기가 아닌 새로운 기회가 될 수 있습니다."

순간 회의장이 술렁이기 시작했다.

"택시는 승객을 모시고 이동하는 운송수단일 뿐이라는 고정관념을 버리고 발상의 전환을 꾀한다면 불가능한 일도 아닙니다."

일개 택시기사의 발언을 두고 혹자는 건방지다고 생각하거나 불쾌하게 여겼을지도 모른다. 하지만 나는 발언을 이어갔다. 택시에 장착된 GPS와 영상 촬영 블랙박스를 잘 활용하면 공익적 목적에 맞는 택시의 역할이 무궁무진했다. 싱크홀을 포함한 도로와 신호등, 교통표지판의 이상 상태를 파악해 알려주는 로드체킹 택시, 쓰레기 불법 배출과 매연차량을 알려주는 환경지킴이 보조택시, 심폐소생술과 응급처치 기본교육을 이수하고 119가 출동하기 전에 위급한 상황을 모면하게 해주는 위기탈출 보조택시, 심야시간에 인적이 드문 곳의 방범순찰을 보조하는 택시, 베테랑 택시기사가 신규 택시기사를 자신의 택시에 태우고 노하우를 알려주는 교육 보조택시 등등을 제안했다. 여기에서 절감되는 지자체 예산을 택시기사에게 인센티브로 준다면 택시기사의 직업적 만족도가 올라갈 것이라고 이야기했다. 그 최종 혜택은 물론 택시를 타는 승객에게 돌아갈 것은 의심의 여지가 없었다.

"끝으로, 사회 공익적 역할에 참여한다는 택시기사의 자긍심 고취는 그 어떤 형식적인 서비스 교육보다도 효과가 탁월할 것입니다."

발표를 마친 다음 날부터 경기도 각 부처 담당자의 전화 질문공세가 이어졌지만, 내 제안이 현장에 시행될지는 미지수였다. 대부분의 회의가 회의를 위한 회의에 머물고 있었기 때문이다. 하지만 그로부터 얼마 후, 신문기사를 통해 내 제안의 일부가 받아들여져 '도로 체킹 모니터단'이 발족된다는 것을 알게 되었다. 신문에는 제안자인 내 이름도 거론되었다. 몇 년 후 서울에서도 비슷한 개념의 모니터단이 탄생했다. 나는 이후에도 프랑스식 택시부제를 참

조하여 '개인택시 부제 개선안' 등을 제안하기도 했다. 최근에는 싱가포르 택시의 할증체계와 호주식 '택시기사와 승객의 권리의무 관계의 명문화'에 관심을 가지고 있다. 일본과 영국에 이어 조만간 이 두 나라를 방문해 현장체험을 통한 연수를 계획하고 있다.

'자리가 사람을 만든다'라는 말이 있지만, 나는 반은 긍정하고 반은 부정한다. 자리가 주는 막중한 책임감으로 사람이 변할 수는 있지만, 그 자리가 주는 권한에 걸맞지 않은 행동으로 나락에 떨어지는 사람도 많이 봤다. 하지만 같은 발언이라도 자리가 주는 영향력은 결코 무시하지 못한다. 대통령이나 국회의원 또는 장관, 시장이나 단체장, 회사의 회장이나 임원의 말 한마디는 현장에서 일하는 어느 말단 개인의 목소리와 비교할 수 없는 무게가 실린다. 그래서 우리는 윗자리에 오르기 위해 치열한 경쟁을 벌인다. 이는 아마도 자신의 영향력 확대를 위한 인간 본연의 욕심인지도 모르겠다.

나는 '자리'보다 '자세'를 중요하게 여기는 편이다. 자기 자리가 아님에도 불구하고 그 자리를 차지하려고 아등바등 살아가는 사람들은 불쌍한 사람들이다. 또 자기 능력을 능가하는 자리에 앉으려고 갖은 수단과 방법을 다 동원하는 사람들도 있다. 지금 자리보다 더 빨리 높은 자리로 올라가기 위해 무리한 경쟁을 일삼는 사람들도 있다. 하지만 자리에 욕심만 내고 그 자리가 진짜 요구하는 일이 무엇인지 모르는 경우가 많다. 자리는 자리에 맞는 자격과 역량, 자질과 자세를 갖출 때 더욱 빛이 나는 법이다.

나는 택시기사라는 일자리가 주어졌지만 그 자리에 만족하지 않고, 자리를 빛나게 해줄 자세와 태도를 부단히 연구해 왔다. 똑같은 택시기사라는 자리도 누가 어떤 자세로 그 자리에서 일하는지에 따라 판이하게 다른 직업으로 다가올 수 있다. 자리를 노리기 전에 자세를 갖추자. 어떤 자리가 문제가 되기보다 그 자리에서 사람이 보여주는 자세가 문제인 것이다.

4장

딴짓은 딴 생각을 할 수 있다

　내가 택시운전을 하면서 의미 있게 시도한 것들은 대부분 택시업계 최초이거나 유일한 것들이 많았다. 남들이 '말도 안 돼'라고 빈정거리면 오히려 강한 동기부여를 받아 반드시 해내고 말겠다는 오기가 발동한 결과라고 생각한다. 솔직히 도전해서 성공한 경우보다 실패한 경우가 열 배 이상으로 많았다. 비록 실패한 일이 많았지만 실패로 인해 깨달은 교훈은 돈을 주고도 사지 못할 소중한 배움의 기회였다. 도전이 아름다운 이유는 결과에 관계없이 나에게 소중한 깨달음을 주기 때문이다.

　머리로 생각하고 고민만 하기보다 몸을 움직여 시도하다 보면 행운이 따라준다. 강연도 하고 책을 쓸 수 있는 재료가 생긴 것도 인생 체험을 통해 부딪히며 깨달은 교훈이 많았기 때문이다.

　서울의 리츠칼튼호텔에서 그랜드볼륨이 어디 있는지 물어보기 위해 한복을 입고 안내하던 리셉셔니스트에게 다가갔다. 친절하고 자세한 안내와 더불어 얼굴의 눈썹과 눈으로 세련되게 마지막으로 인사하는 모습이 너무나 인상적이었다. 젊은 미인이라서 마음이 흔들린 것은 아니었다. 아니다 솔직해 지자. 그런 면도 조금은 작용했다. 한참이나 그 호텔리어가 뇌리에 남았다. 나도 그런 서비스를 하고 싶었다. 전무후무한 기발한 서비스를 최초로 개발하는 것은 쉽지 않다. 그래서 '최고의 서비스를 받아보지 못하면 최고의 서비스를 해줄 수 없다'는 나름의 철학을 가지고 있다.

　이런 생각으로 서울 시내의 특1급 호텔을 들락거리기 시작했다. 호텔리어가 사람을 만나며 행하는 과도하지 않으면서 절제되고 품격 있는 서비스를 먼발치에서 염탐하고 싶었기 때문이다. 호텔리어의 걸음걸이와 미소, 외모관리와 제스처, 두발과 손톱, 화장 정도와 장신구 착용, 시선과 눈빛까지 모든 것이 나의 관심사였다. 하다 못해 호텔 로비나 화장실의 유리창이나 바닥의 청결도와 조명, 향기관리까지도 공부 대상이었다. 내가 목표로 하는 것은 외국 정상이나 귀빈을 내 택시에 모셔도 부족함이 없게 하는 것이었다. 그런데 먼발치에서 평가해 보는 것은 반드시 필요하지만 한계가 있었다.

'좋아, 이제는 직접 투숙도 해보고 아침 조식까지 먹어보자.'

그렇게 해서 주말에 아내와 호텔을 돌아가면서 투숙하기 시작했다. 서울에 사는 사람이 서울의 호텔에 투숙하는 것은 힐링과 재충전을 위해 종종 있는 일이지만 당시에는 일반적이지 않았다. 남편이 하는 일은 모두 지지하고 신뢰했던 아내는 좋아했지만, 이내 고개를 절레절레 흔들었다. 중노동도 그런 중노동이 없다고 했다. 힐링이나 재충전은커녕 스트레스와 피로가 쌓여 호텔을 나서야 했기 때문이다.

줄자, 스톱워치, 온도계, 수온계, 소음 측정기, 이산화탄소 측정기, 포름알데히드 측정기, 미세먼지 측정기, 조도계, 카메라, 녹음기, 흰색 면장갑, 우비 등의 장비를 구비해 중무장을 하고 호텔에 투숙했다. 물론 사전에 전화 예약 응대방법과 소요시간도 미리 체크했다. 주차장 안내와 차량 한 대당 단위 면적, 체크인 응대와 시간, 객실의 공기, 침대 및 그 바닥의 관리상태, 샤워실의 수온, 카펫의 먼지 발생 정도, 어메니티의 종류와 관리 상태, TV나 그림 액자 뒷편의 청소상태 등 이때는 흰색 면장갑이 사용된다. 우비는 우리 부부가 입고 있는 옷이 측정에 영향을 줄까봐 객실에 입실하기 전에 착용한다. 수영장, 피트니스클럽, 사우나, 로비 등도 평가대상이다. 아침 조식의 종류와 맛, 서빙하는 호텔리어가 고객이 손을 들었을 때 반응하는 시간까지 모든 정성평가와 정량평가 값을 일일이 체크하고 엑셀에 기입해야 하니 아내가 거품을 무는 것도 당연했다.

"가장 확실하게 배우는 방법은 평가를 해보는 거야. 그러니 힘들어도 나를 좀 도와줘."

측정 후 평가 비교결과가 우리들이 알고 있는 호텔의 지명도와 각종 단체 및 매스컴에서 발표하는 서비스품질 평가순위와 사뭇 다르게 나와 놀랐다. 이렇게 호텔 탐방을 하며 느낀 점을 바탕으로 나는 (주)서비스경영컨설팅코리아(SMCK)라는 법인을 설립했다.

'택시기사가 항공사와 특급호텔, 그리고 승무원과 호텔리어를 대상으로 컨설팅을 진행한다.'

이것이 법인 설립의 목적이었다. 물론 말도 안 되는 소리일 수도 있지만, 이러한 시도와 과정을 꾸준히 지속하다 보면 충분히 가능성이 있다고 믿고 있다.

나는 택시 핸들을 잡고 뒤늦게 40대 이후에 공부를 시작했다. 여건상 사이버대학을 졸업하고, 야간대학원에서 서비스경영 석사학위를 취득하고 경영학 박사과정을 공부하다 지금은 휴학계를 내고 다시 사이버대학의 평생교육학과에 편입했다. 또 향후에는 상담심리학을 복수전공할 예정이다. 갑자기 박사과정을 중단하고 학업 진로를 변경한 이유가 있다. 택시기사는 터프하고 무식하다는 선입견과 편견, 고정관념을 깨고 싶어 공부를 시작했지만, 이제는 정말 해보고 싶은 공부를 하고 싶었기 때문이다. 물론 기회가 된다면 다시 박사과정에 재도전하겠지만 일단은 다양한 공부를 하고 싶었다. 죽기 전까지 20개 이상의 학사 학위를 취득하는 것이 목표이기도 하다. 현장과 학교에서 나는 항상 배우는 학생이고 싶다.

내가 지금까지 가지고 있는 딴 생각은 뚱딴지 같기는 하지만 딴짓을 통해 나름대로 정리해 갖게 된 내 삶의 결과다. 사람들은 생각을 바꾸기 위해 앉아서 참 많은 고민을 거듭한다. 하지만 나가서는 다시 예전에 했던 관행대로 한다. 관성이 박혀 있어서 하던 방식을 바꾸기는 쉽지 않기 때문일 것이다. 생각도 많고 아이디어도 좋은 사람이 있지만 그걸 실제 삶에 적용해 실천하려는 사람은 많지 않다.

내 삶의 지론은 옳다고 생각되는 일은 남의 눈치를 보지 않고 그대로 밀고 나가는 것이다. 물론 과감한 실천 뒤에 따라오는 후유증도 만만치 않다. 하지만 진짜 배움은 몸으로 실천하는 가운데 일어난다고 생각한다. 남들이 보기에 비정상적인 딴짓 같지만 나에게는 정상적인 사람들의 당연한 생각에 시비를 거는 처절한 몸짓이다. 이런 딴짓이 결국 정상적인 사람과 다른 창의적인 생각을 낳는 원동력이라고 생각한다.

5장

랭글러 택시,
택시의 전설이 되어
루비콘강을 건너다

나는 오랜 세월 동안 옵션이 없는 가장 저렴한 택시로 운전을 해 왔다. 회사택시 기사시절은 물론이거니와 개인택시를 운전하면서도 수동기어에 안개등도 없고 사이드미러는 손으로 직접 접어야 했다. 운전이 불편했기에 가장 저렴했음에도 불구하고 내 택시 차종은 옵션이 없다 보니 특별주문차종에 속해 차량 계약을 하고도 출고까지는 한참을 기다려야 했다.

지금의 내 택시는 '지프 랭글러 루비콘'이다. 우리나라뿐 아니라 전 세계에서도 최초이자 유일한 택시가 아닌가 싶다. 이 차종은 택시 선택의 중요한 요소인 연비와 승차감과는 거리가 멀기에 주변에서는 의아해 했다.

"과연 그 차종이 택시로 허가가 나느냐?"

내가 가장 많이 들었던 질문이었다.

"그 택시가 경제성이 있으며, 일반 택시요금으로 수입 창출이 가능하냐?"

두 번째로 많이 들었던 질문이었다. 물론 이 차종을 선택하기 전에는 깊은 고민이 있었고, 적지 않은 세월의 기다림과 망설임이 있었다. 형이 택시대학 강연을 위해 귀국했을 때, 우연히 미래에 타보고 싶은 차종에 대한 대화가 있었다.

"그렇지 않아도 미국에 도착하면 차량을 바꾸려고 했어. '지프 랭글러 루비콘'으로 말이야. 그 차가 어떻게 생긴 줄 아니?"

나는 깜짝 놀랐다. 나도 언젠가는 꼭 그 차를 타고 싶었기 때문이었다. 전 세계에서 만들어지는 수많은 차종 중에서 형제가 의견 일치를 본 것이다. 어린 시절, 직업군인이었던 아버지 때문에 몇 번 탔던 지프차에 대한 형제의 로망이 있었던 것 같았다. 형은 예정대로 지프 랭글러 루비콘을 새로 장만하고 사진을 찍어 보내주었다.

"타보고 나서 1년 후에 그 차에 대한 평가 좀 해줘. 나도 택시 차종으로 바꿀지 몰라."

1년 후에 답신이 왔다.

"빗물이 조금 실내로 새는 것 빼고는 쓸 만해. 필요 없는 전자장

치는 없고 가장 아날로그적인 차야. 그런데 택시로 어울릴지는 나도 모르겠다."

"그게 무슨 차야? 천장에서 물이 새는 차는 걱정인데?"

형은 미국에서 운전할 때 수시로 차량의 지붕을 수동으로 분리했었는데, 엉성하게 조립하면 간혹 물이 샌다고 했다. 하지만 지붕을 분리하지 않으면 별 지장이 없다고 했다. 그래도 거의 수명을 다한 내 택시의 다음 차종으로 결정하기에는 무리가 있었다.

그러던 찰나 결정적인 뉴스가 보도되었다. '열악한 택시운수 종사자의 삶을 개선해 주기 위해 택시 외부광고 면적을 대폭 확대한다'는 신문기사였다. 보통 택시 외부광고는 전체 광고료 중에서 광고대행업자가 40%의 수익을 가져가고 택시기사가 60%의 광고비를 챙기는 구조였다. 그나마 받는 광고료는 한 달에 3만원 정도였다. 나는 이 구조를 깨고 싶었다. 시선을 끄는 랭글러 택시의 외부광고 수주를 통해 택시대학 운영자금을 확보한다는 취지도 있었고, 일반 불특정 승객이 아닌 타깃(target) 영업으로 무속인, 사진작가, 토목 관계자 등을 위한 전문 택시의 가능성을 저울질해 보고 싶었다. 지체 없이 랭글러를 계약했다.

"이 차종이 택시로 가능한가요?"

고개를 연신 갸웃거리는 자동차 영업사원을 안심시키고, 지자체 담당 공무원과 조합에 택시규정을 재차 확인하고 번호판을 달고 택시미터기 설치에서 공인기관 검정까지 진행하는데 한 달이 걸렸다. 모든 일련의 과정들이 처음 있는 생경한 일이라서 시간이 오래 걸렸던 것이다.

세계 최초, 유일의 지프 랭글러 루비콘 택시의 첫 손님은 물론 아내였다. 강변북로를 달릴 때,

"나 오토로 운전하고 싶었어. 드디어 택시운전 19년 만에 꿈을 이루네. 차를 뽑아줘서 고마워."

아무 말 없이 창밖을 보던 아내의 눈이 눈물을 머금어 그날은 유난히 반짝거렸다.

랭글러 차종을 선택한 또 다른 이유가 있었다. 보통 운전자와 생사고락을 함께해 온 LPG택시는 폐차하는 것이 일반적이었다. 하지만 택시기사에게 차량은 자신의 분신이나 가족, 애마(愛馬)와도 같기에 헤어지는 날이면 그렇게 서운할 수 없었다. 택시로 수명을 다해도 일반 자가용으로 영원히 소유하고 싶은 목적도 있었다.

또 하나는 랭글러 택시를 보고 주저하거나 의심하지 않고 손을 들어 타려는 사람은 외국인이나 어린 학생들이 대부분이다. 그들에게는 택시에 대한 어떤 선입견이나 편견, 고정관념이 없어 보였다. 하지만 일반 성인들과 택시기사들은 충격을 받기도 했다. 수원에서 토요타 프리우스 택시를 운전하는 개인택시 기사가 횡단보도에서 신호대기하고 있는 내 택시에 다가와 말을 걸어왔다.

"랭글러 택시를 보는 순간, 충격을 받았습니다."

내가 진정으로 듣고 싶었던 말이었다. 택시에 대한 부정적인 선입견, 편견, 고정관념에 충격을 주고 싶었기 때문이다. 사양산업이라는, 곧 없어질 직업이라는 세상의 평판에 좌절하는 택시기사 동료들에게도 충격을 주고 싶었다.

랭글러 택시의 성공과 실패는 나에게 중요하지 않다. 나에게 중요한 것은 색다른 도전과정에서 얻는 값진 교훈이다. 택시기사 하면 떠오르는 통상적인 이미지를 벗어던지고 새로운 콘셉트의 택시기사라는 이미지를 부여하고 싶었다. 주어진 자리와 직업적 틀에 얽매여 틀에 박힌 사고를 하기보다는 관행과 관습의 벽을 허물고 밖으로 뛰쳐나와야 새로운 가능성의 문이 열린다. 직업에 있어서는 과거의 한계를 돌파하고 미래의 영역을 개척할 누군가가 반드시 필요하다고 생각한다.

나는 택시운전을 통해 천직을 넘어 전설(傳說)이 되고 싶었다. 그 전설은 무엇보다도 개척자 정신을 갖고 있는 사람에게서 잉태된다. 세상에는 길을 상상하는 사람이 있고 길을 직접 걷는 사람도 있다. 그리고 더러는 길을 만드는 사람도 있다. 평탄한 길이 아닌 한 번도 가보지 않은 오지도 갈 수 있는 랭글러 택시, 내 인생을 닮은 차를 타고 싶었다.

신영복 교수님은 '길은 앞에 있지 않고 뒤로 생긴다'고 했다. 전설이 걸어가는 길은 아무도 걸어가지 않은 길을 가장 먼저 가는 길이다. 그래서 없었던 길에서 길이 탄생하는 순간, 길은 뒤로 생기는 것이다.

12월 17일, 하늘로 올라간 별에게 부치는 편지

사랑하는 딸에게.

네가 하늘로 올라가 별이 된 세월도 이제 꽤 많이 흘렀구나. 지금쯤이면 대학을 졸업하고 직장생활을 하고 있겠지? 아마 첫 월급을 타서 아빠 속옷을 선물했을 거야. 아빠는 마음속에서 너를 떠나보낸 적이 없었단다. 네가 왜 그리 일찍 별이 됐는지 아빠는 뒤늦게 깨달았단다. 아빠에게 어떤 인생을 살아야 하는지? 인생에 있어서 무엇이 더 소중한지 알려주려고 별이 된 너는 아빠에게 상처가 아닌 선물이었다는 것을….

아빠는 엄마나 동생 몰래 네가 세상에 온 날과 별이 된 날을 조촐하게 기념하거나 추억하곤 했지. 아빠만의 비밀은 너만 알고 있을 거야. 하지만 동생에게 아빠는 왜 12월 17일이 중요한지 이번에 알려주었단다. 언젠가는 녀석도 알고 있어야 하니까. 남동생도 이제 군대에 간 늠름한 청년이 되었단다. 오늘은 그 씩씩한 남동생과 아빠와 관련한 이야기를 들려줄게.

아들이 군대를 가면 아비의 메말랐던 부성애가 꿈틀거린다. 하지만 엄마와는 달리 표현이 서툰 아비는 짐짓 덤덤한 척, 시치미를 떼기도 한다. 군 생활이 얼마나 위험하고 힘든지 경험한 아비는 아들이 군대 갈 시점에 철이 들기도 한다. 특히나 나처럼 못난 아비는 더욱.

아들은 택시기사의 아들로 살면서 모름지기 어리고 작은 가슴에 생채기도 났을 것이다. 이제야 아들의 상처를 약간은 어루만져 줄 여유가 생겼는데, 아들은 군대에 가고 내 곁에 없다. 뒤늦게 못다 한 효도를 하려고 해도 기다려 주지 않는 부모님처럼. 남보다 2~3년 늦게 군대에 가는 아들에게 용기를 주고자 해준 말이 있었다.

"군 복무가 허송세월하는 것은 아니야. 너의 몸과 마음을 더욱 튼튼하게 해줄 것이니까 즐겁게 군 생활을 해라."

이렇듯 아비는 교과서적이고 교훈적인 얘기밖에 할 수 없는 존재인지도 모른다. 따뜻한 아랫목에서 아들에게 해줄 말이 아니었다는 후회가 밀려왔다. 말이 아닌 행동으로 아들에게 보여주는 아비가 되기 위해 살아왔다고 자부했지만 갑자기 부끄러워졌다. 나는 강단에 서는 강연가가 아니던가? 마이크를 쥐고 하는 이야기 내용과 일상의 삶이 괴리가 있다면 얼마나 부끄럽겠는가?

아들이 논산육군훈련소에 입대하고 세 번, 운전병 주특기를 받아 후반기 교육을 받는 야전수송교육대를 세 번, 다시 자대배치 받은 철원의 3사단을 세 번 다녀왔다. 물론 아들을 만날 기대감을 가지고 간 것은 아니었다. 아들이 어떤 환경에서 훈련을 받는지 궁금하기도 했지만, 아들이 너무 보고 싶어 부대를 서성이다가 돌아왔었다. 아들이 군에 있을 때, 아비도 아들과 같이 군 생활을 하고 있다는 느낌을 가지고 싶었다. 그동안 전화 통화는 몇 번 했다. 요즘의 군대는 예전과 달라 전화는 비교적 자유로운 것 같았다.

"택시기사 아빠의 피를 받아서 그런지 운전병이 되었어요."

"힘들지? 어떤 것이 제일 힘드니?"

"사회에 나가면 더 힘들 텐데 뭐. 나라는 내가 지킬 테니, 아빠의 일에 집중하고 아들 걱정은 말아요. 그래도 행군은 약간 힘드네."

내가 운전 중일까 봐 가급적 전화를 자제하고 있다는 말도 덧붙였다.

"철원 3사단 백골부대는 너의 할아버지도 근무했던 곳이란다. 그래서 나도 어린 시절은 철원에서 보냈고, 휴가 나오면 할머니하고 할 이야기도 많겠다. 아들 파이팅!"

전화를 마치고 나는 배낭을 꺼내 속옷과 양말들을 집어넣었다. 아내가 불안하게 나를 쳐다보았다.

"또 어디 가시려고?"

아내는 내가 짐을 싸면 불안해 한다. 일본에 갔을 때도, 영국에 갔을 때도 아내와는 상의 없이 불쑥 떠났으니까 말이다.

"이번에는 가까운 곳이야, 아들 면회 좀 다녀올게. 걸어서 가는 길이니 이삼 일이면 돼."

"서울에서 철원까지 걸어가신다고?"

아내는 두 눈을 동그랗게 뜨고 열린 입을 다물지 못했지만, 나를 말릴 수 없다는 것을 잘 알고 있었다.

철원까지 걸어가는 길은 꼬박 3박 4일이 걸렸다. 불쑥 예고도 없이 나타난 아비가 부담스러울까봐 아들이 근무하는 부대의 정문에서 발길을 돌렸다. 그동안 아들에게 해준 것이 없어 너무 미안해서 아비는 속죄의 발걸음을 내디뎠을지도 모른다.

그로부터 일주일 후, 아들의 정식 면박이 있었다. 펜션에서 아들에게 걸어간 아비의 일주일 전의 이야기를 아들은 진지하고 흥미진진하게 듣는 것 같았다. 공동묘지를 지나갈 때의 소름 돋음과 함께 밤길 로드 킬로 죽은 동물의 반 토막 난 사체를 밟은 이야기. 새벽에 고삐 풀린 우람한 개들이 아비를 일정 간격을 두고 미행한 이야기. 그 개들은 마치 암사자가 임팔라에게 은밀하게 다가가듯 허리를 숙인 자세로 나를 추격했다. 그 순간 아들은 진저리가 쳐지는 얼굴 표정을 지었다. 하지만 아비의 행군 때문에 상처 난 발가락 사진을 보고는 숙연한 눈물을 머금었다.

"아빠로 인해 군 생활을 잘 견뎌낼 용기를 충분히 얻었지만, 아빠가 건강하게 잘 지내는 것이 더 좋으니 다시는 그러지 말아줘. 다음 주 GOP까지의 행군과 혹한기 훈련도 두렵지 않아."

나의 시계도 아들 못지않게 시침이 빠르게 전력질주하고 있었다. 아들이 부대에 귀대해야 하는 시간이 밀물처럼 슬며시 다가오자, 아들의 얼굴에 순간 먹구름이 드리워졌다. 그런데 갑자기 표정을 밝게 바꾸더니 한마디를 나에게 툭하고 던진다.

"아빠를 존경해. 그동안 힘들게 쌓아올린 아빠의 업적이 아빠의 건강 때문에 무너진다면 억울하잖아. 그러니 담배도 끊고 술도 줄여."

아빠의 모습이 갑자기 늙어 보인다고 했다. 요즘 군대는 군대도 아니고 자신은 꿀 보직이라서 편하게 군대생활을 하니 걱정하지 말라고도 했다. 아팠다.

아비의 늙어감이 아들의 눈에 보이기 시작한 것과 여자 친구에게는 아주 힘들다고 하소연했다는 것을 미리 전해 들었기 때문이다. 아비의 마음을 편하게 해주려는 아들의 말이 아렸다. 차라리 투정을 부리지. 아비는 다 받아줄 준비가 되어 있는데. 아비에 대한 아들의 준엄한 경고도 이어졌다.

"아빠의 부성애가 너무 쩔어. 아빠의 자식 사랑은 알겠는데, 아들이 부담스러워 할 수도 있어."

그리곤 살짝 어색한 미소를 지었다. 고민 끝에 그 이유를 말해 주었다. 아들이 군대에 갔으니 이제 어린 나이도 아니었기에.

나에게는 네가 하나뿐인 자식이고 네 누나를 하늘나라로 보냈기에 네가 더 각별하다고…. 부재의 상실감을 너무나 잘 알기에 현존재의 네가 너무 소중하다고. 하지만 12월은, 특히 17일은 아빠를 이해해 주었으면 좋겠다고 말했다.

"오늘 12월 17일이 아빠 엄마의 딸이자 너의 누나가 하늘로 올라가 별이 된 날이라고…."

아들은 아빠를 살포시 안아 주었다. 아내는 중요한 봉사공연이 있어 조금 일찍 자리를 떴었다. 아내가 없었기에 아들에게 솔직해 졌다. 저녁 7시 30분, 아들은 부대에 귀대했다. 현지기온은 영하 12도였다.

"아들, 뒤돌아 보지 말고 부대로 곧장 씩씩하게 걸어가라."

아들은 아비의 말을 들어주었다. 일기예보에는 눈이 온다고 했는데, 하늘은 청명했고 별은 더욱 빛났다. 그중 한 별은 유난히 더 빛났고, 천진난만한 미소까지 머금고 있었다. 하늘에 올라간 그 별은 어두운 밤길을 환하게 비춰주었다. 남동생의 귀대 길을, 아빠의 귀갓길을 안전하게 밝혀주고 지켜준 고마운 별이었다.

아빠가

맺
음
말

여행의 끝에서 또 다른 시작을 꿈꾸다

　글을 마치면서 많은 것을 얻었다. 책 한 권이 세상의 빛을 보기 위해서는 저자와 출판사가 산고(產苦)를 치른다고 들었다. 이번 경험을 통해 느낄 수 있었다. 택시기사에게는 자신이 타는 차량이 또 하나의 가족이다. 그리고 이제 이 책도 나의 가족이 되었다. 55세에 늦둥이를 본 셈이다.

　글을 쓰며 최대의 소득은 그동안 잊고 지냈던 많은 분들을 기억의 저편에서 다시 끌어올렸다는 것이다. 내가 이 자리에 오게 된 것은 그분들의 도움과 격려가 있었기 때문이다. 지치고 힘들 때, 그분들은 어김없이 따뜻하게 손을 내밀어 주었다. 그리고 나도 나락으로 떨어지지 않기 위해 기꺼이 손을 잡았다. 역시 세상은 따뜻해서 앞으로 어떤 고난이나 역경이 생겨도 어디선가 나에게 따뜻한 손을 내밀어 줄 것을 의심하지 않는다. 그리고 어려운 처지에 있는 분들에게도 내가 먼저 손을 내밀어 주어야겠다고 마음먹었다. 인간적으로 조금은 더 성숙해진 것 같다.

마찬가지로 한 권의 책이 탄생하기까지는 많은 분들의 도움이 있었다. 아무리 빛나는 구슬이라도 꿰어야 보배가 된다. 자루에 담아 쏟아낸 구슬들을 유영만 교수님과 백광옥 대표님이 논리를 맞추고 하나의 콘셉트로 꿰어 예쁜 책으로 만들어 주었다. 감사드린다. 역시 책도 혼자 쓰는 게 아님을 책을 쓰면서 배웠다. 모든 일은 덕분에 가능한 것이다.

이 책은 내 삶을 고스란히 담아낸 내 삶의 역사이자 이정표다. 발가벗겨진 내 인생을 드러내기에는 부끄럽고 쑥스러운 삶도 있었다. 그럼에도 책으로 세상에 나올 수 있게 되어 그 누구보다도 나 자신에게 주는 큰 선물이다. 이 책은 앞으로 나오게 될 나의 다른 책들의 프롤로그이기도 하다. 그래서 다른 책들의 어머니다. 나의 분신과도 같은 이 책이 세상에 태어나는 순간 내 삶은 또 다른 변신을 거듭할 것이다. 책은 종이책이 아니라 한 사람의 삶이자 바로 책을 쓴 나 자신이다. 내가 이 책에 들어 있고, 이 책대로 살아왔기 때문이다.

택시기사 치고는 제법이라는 프리미엄 효과와 그럼에도 여전히 택시기사를 벗어나지 못했다는 핸디캡을 안고 좌충우돌하며 살아온 이야기가 독자들에게 어떻게 받아들여질지 궁금하다. 책을 읽지 않는 세상이라고 한다. 그럼에도 택시기사의 책을 선택하고 맺음말까지 읽고 있다면 저자와 대단한 인연이 있는 것이다. 그 인연을 소중히 여기며 험난한 길을 같이 손잡고 걸어가고 싶은 욕심이 있다.

   책은 저자와 다른 사람들의 도움과 덕분으로 세상에 나왔지만 이제 독자와 함께 더 좋은 책으로 만들어 갈 때 다시 한 번 태어날 수 있다. 보잘 것 없는 한 사람의 인생 스토리지만 그럼에도 불구하고 배울 점이 있어서 끝까지 읽어주는 독자 덕분에 이 책보다 더 나은 삶을 살기 위해 또 다른 나로 변신하기 위한 여행을 떠날 것이다. 그 여행에는 많은 독자가 함께했으면 하는 소망을 가져본다.

   이 책은 전국의 택시기사와 군부대에도 무상으로 기증될 것이고 택시대학의 운영에도 도움을 줄 것이다. 그 일에 동참해 주시고자 책이 나오기 전에, 많은 분들이 펀딩을 해주었다. 독자와 더불어 그분들에게 머리 숙여 감사드린다. 이분들이 있었기에 이 책이 세상에 나와 빛을 받게 되었다.

함께 꾸는 꿈을 위해 나 역시 전대미문의 택시기사로 거듭날 것이다. 우리가 꿈꾸는 미래는 저절로 오지 않는다. 우리가 함께 꿈꾸는 곳으로 묵묵히 걸어갈 때 미래는 아름답게 창조되어 우리 곁으로 다가올 것이다. 먼 미래가 아니라 가까운 미래에, 우리 모두가 꿈꾸는 미래가 우리 곁으로 올 것으로 확신하면서 저에 관한 짧은 인생 여행, 5막 5장을 마치려고 한다. 마치는 그곳이 또 다른 여행의 시작이다. 끝이 곧 시작이다.

정태성

도서에 펀딩해 주신 분들…

강기태, 강문철, 강미진, 강석현, 강애라, 고해선, 고현정, 곽동근,
구창우, 권선영, 권정무, 김가영, 김건우, 김경림, 김광선, 김기만,
김남순, 김대현, 김명선, 김명희, 김미지, 김민국, 김백철, 김병섭,
김상현, 김석근, 김성현, 김성화, 김세현, 김순희, 김시근, 김시범,
김아름, 김영희, 김예성, 김외석, 김용래, 김용주, 김용준, 김용훈,
김윤석, 김승완, 김은정, 김재환, 김정희, 김주리, 김진우, 김창식,
김창용, 김하나, 김현오, 김현우, 김현주, 김혜미, 김혜은, 김혜지,
김희숙, 나경선, 나경수, 나유민, 나유정, 나현수, 남말순, 남우현,
남창훈, 두화선, 류지혜, 류향란, 문성실, 문연정, 문정원, 문주희,
문홍식, 박강희, 박도환, 박미애, 박정웅, 박선영, 박선영, 박성규,
박성준, 박수형, 박승호, 박시형, 박정옥, 박주하, 박지만, 박지수,
박지윤, 박진희, 박춘희, 박희광, 방지민, 배채영, 백지영, 변기옥,

변찬주, 서성원, 설권환, 설혜정, 성민수, 소현정, 손명희, 손예진,
손정연, 송기중, 송문자, 송문환, 송세빈, 송윤석, 송철우, 송화섭,
시인숙, 신임태, 신진환, 심수연, 심정혜, 안광창, 안순례, 안연주,
안용민, 앤디정, 양대용, 에드워드정 오경희, 오단영, 오서윤,
오세진, 오소희, 오영진, 오창석, 오현주, 온새미, 우설리, 우사랑,
우성민, 우주성, 우주왕, 우주현, 우은혜, 원유선, 원형희, 위나영,
유경미, 유관옥, 유복순, 유석화, 유소자, 유수빈, 유승자, 유영희,
유은주, 유효진, 육현주, 윤경연, 윤두환, 윤영돈, 이경희, 이관상,
이광희, 이규황, 이기렬, 이미향, 이석영, 이선아, 이성혜, 이수경,
이수아, 이연희, 이용규, 이원길, 이의용, 이임복, 이정아, 이진경,
이정행, 이재인, 이재영, 이주광, 이지선, 이지영, 이진우, 이하람,
이현아, 이현호, 이현철, 이혜원, 임선규, 임종준, 임헌주, 장민희,

장선숙, 정병렬, 정 민, 정성호, 정세람, 정시영, 정우성, 정원혁, 정은정, 정지용, 정진희, 정하균, 정하윤, 정현아, 제인준, 조슬기, 조연희, 조주연, 조창덕, 주선화, 주승규, 지윤석, 진병규, 채인영, 천정식, 천지영, 최승혜, 최은례, 최은미, 최지우, 최치현, 최현희, 한단아, 한동훈, 한상백, 한수진, 한숙희, 한순덕, 허은희, 허창근, 허태회, 홍동현, 홍예리, 황병일, 황수정, 황은아, 황창환, 황채원, 출판대박기원!(익명)

택시대학 정태성의 끝나지 않은 도전
천직을 넘어 전설을 꿈꾸다

초판 1쇄 인쇄 2018년 4월 5일
초판 1쇄 발행 2018년 4월 10일

지은이 정태성
펴낸이 백광옥
펴낸곳 천그루숲
등 록 2016년 8월 24일 제25100-2016-000049호

주 소 (06990) 서울시 동작구 동작대로29길 119, 110-1201
전 화 0507-1418-0784   **팩 스** 050-4022-0784
이메일 ilove784@gmail.com   **카카오톡** 천그루숲

인 쇄 예림인쇄 | **제 책** 바다제책

ISBN 979-11-88348-16-9 (13320) 종이책
ISBN 979-11-88348-17-6 (15320) 전자책

저작권자 ⓒ 정태성 2018
이 책의 저작권은 저자에게 있습니다. 서면에 의한 저자의 허락 없이
내용의 일부를 인용하거나 발췌하는 것을 금합니다.

※ 책값은 뒤표지에 있습니다.
※ 잘못 만들어진 책은 구입하신 서점에서 교환해 드립니다.
※ 저자와의 협의하에 인지는 생략합니다.

이 도서의 국립중앙도서관 출판예정도서목록(CIP)은 서지정보유통지원시스템 홈페이지(http://seoji.nl.go.kr)와 국가자료공동목록시스템(http://www.nl.go.kr/kolisnet)에서 이용하실 수 있습니다. (CIP제어번호 : CIP2018008243)